高等学校汽车专业实训指导教材

汽车发动机构造与维修
实 训 指 导

曹红兵　主编

机械工业出版社

本书以桑塔纳 2000 AJR（AFE）型发动机为例，以项目的形式详细介绍了发动机两大机构、五大系统的拆装与检修操作方法，包括发动机总体结构与工作原理认知、同步带与 V 带的拆卸与安装、机体组的拆装与检修、活塞连杆组的拆装与检修、曲轴飞轮组的拆装与检修、配气机构的拆装与检修、润滑系统的拆装与检修、冷却系统的拆装与检修、空气供给系统的拆装与检修、燃油供给系统的拆装与检修、点火系统的拆装与检修、起动系统的拆装与检修，共 12 个实训项目。每个项目内容都包含有实训目标、实训设备与工具、实训内容与步骤、注意事项和实训工单、考核评分表。本书实训步骤清晰、图文并茂，保证了内容的可操作性和指导意义；实训工单、考核评分表列有操作要点和评分标准，为实践环节的记录和考核提供了方便。全书基于发动机维修生产实际可选择实训项目，基于基本技能的培养设计实训内容，通过实训项目的实施，融理论教学、实践教学为一体，强化学生的专业技能水平，为培养应用型专业人才服务。

本书内容翔实、系统、全面，贴近实际，既可作为普通高等院校、职业院校汽车类专业的实验实训指导教材，也可供汽车工程技术人员和汽车维修技术人员阅读参考。

图书在版编目(CIP)数据

汽车发动机构造与维修实训指导/曹红兵主编．—北京：机械工业出版社，2013.10（2025.8 重印）
高等学校汽车专业实训指导教材
ISBN 978-7-111-44138-0

Ⅰ.①汽… Ⅱ.①曹… Ⅲ.①汽车—发动机—构造—高等学校—教材 ②汽车—发动机—车辆修理—高等学校—教材 Ⅳ.①U472.43

中国版本图书馆 CIP 数据核字（2013）第 224644 号

机械工业出版社（北京市百万庄大街 22 号　邮政编码 100037）
策划编辑：赵海青　责任编辑：赵海青
版式设计：霍永明　责任校对：王　欣
封面设计：张　静　责任印制：刘　媛
北京富资园科技发展有限公司印刷
2025 年 8 月第 1 版第 9 次印刷
184mm×260mm・7.25 印张・178 千字
标准书号：ISBN 978-7-111-44138-0
定价：25.00 元

电话服务　　　　　　　　网络服务
客服电话：010-88361066　　机 工 官 网：www.cmpbook.com
　　　　　010-88379833　　机 工 官 博：weibo.com/cmp1952
　　　　　010-68326294　　金 书 网：www.golden-book.com
封底无防伪标均为盗版　　　机工教育服务网：www.cmpedu.com

丛 书 序

为加强浙江省本科院校实验室建设，根据《浙江省教育厅 浙江省财政厅关于实施"十一五"期间全面提升高等教育办学质量和水平行动计划的通知》（浙教计〔2007〕77号）、《浙江省教育厅关于调整有关教学改革与建设项目评审办法的通知》（浙教高教〔2009〕56号）精神，在省合格实验室（实验教学中心）建设的基础上，浙江省教育厅组织开展了省级实验教学示范中心建设点推荐工作。经学校推荐、专家审核，2010年6月，确定了第一批92个省级实验教学示范中心建设点。

省级实验教学示范中心建设是浙江省本科教学质量"行动计划"的重要组成部分，也是浙江省贯彻落实国家"质量工程"的重要体现。根据省级实验教学示范中心"树立以学生为本，知识传授、能力培养、素质提高、协调发展的教育理念和以能力培养为核心的实验教学观念，建立有利于培养学生实践能力和创新能力的实验教学体系"的建设目标和要求，软件建设是示范中心建设的重要组成部分，包括编写出版实验教材、编写实验指导书、开发实验项目、实验室开放项目、自制（改进）仪器设备、信息化平台建设等。为此，我们组织多名具有丰富教学和实践经验的汽车专业教师和汽车维修企业技术人员一起合作，历时两年，共同完成了"高等学校汽车专业实训指导教材"编写工作。同时，这也是重点教学改革项目"汽车维修工程教育专业核心技能达标考核方案的研制与实施"的阶段性成果。

结合目前汽车专业理论教材的设置特点，"高等学校汽车专业实训指导教材"包括《汽车发动机构造与维修实训指导》《汽车发动机电控系统维修实训指导》《汽车底盘构造与维修实训指导》《汽车底盘与车身电控系统维修实训指导》《自动变速器结构与检修实训指导》《汽车性能检测实训指导》，共六本。

多年的教学实践使我们深切地感受到，教材建设是专业建设的基石。为此，本系列教材力求突出以下特点：

1. 与生产实际相结合，按照基于工作过程的要求进行知识和技能的整合，学以致用。在教材编写之前，我们全面分析汽车维修全部职业活动（工作内容和作业项目），根据汽车维修企业对汽车维修人员的岗位能力要求，对职业岗位进行能力分解，提炼出完成各项任务所应具备的知识和能力。在教材编写的过程中，充分考虑到汽车维修工作的实际和专业教学的特点，以实用、精练为出发点，与生产实际相结合，按照基于工作过程模块化教学的要求进行知识和技能的整合，以此为基础进行教材内容的选择和结构设计，学以致用，实现人才培养与社会需求的无缝衔接，真正体现工学结合的本质特征。同时，在内容设置方面，还尽可能与国家及行业相关技术岗位职业资格标准衔接，力求符合职业技能鉴定的要求，为学生取证提供帮助。

2. 以基本技能训练为主线，在形成性教学过程中突出实践能力的培养。本系列教材以专项能力培养为单元，按照任务驱动、项目导向的行动体系组织实践教学，按照工作过程组织学习过程，与理论教材同步设计了若干个实训项目，由此形成与实际工作任务对应的、围绕岗位工作能力培养的系列化工作任务链路。每个项目都包含实训目标、实训设备与工具、实训内容与步骤、注意事项和实训工单（工作页）、考核评分表。实训步骤清晰、图文并茂，保证了内容的可操作性和指导意义。实训工单、考核评分表列有操作要点和评分标准，为实践环节的记录和考核提供了方便。同时，在形成性教学过程中进行的形成性评价（考核），更关注学生的学习过程，也能最大限度地培养学生的自主学习能力和分析、解决问题的实际工作能力。

虽然本系列教材的编写者在汽车专业应用型人才培养的教学改革方面进行了一些有益的探索和尝试，但由于水平有限，教材中难免存在错误或疏漏之处，恳请广大读者给予批评指正。

编　者

前　言

本书是"高等学校汽车专业实训指导教材"之一。

本书以桑塔纳 2000 AJR（AFE）型发动机为例，以项目的形式详细介绍了发动机两大机构、五大系统的拆装与检修操作方法，包括发动机总体结构与工作原理认知、同步带与V带的拆卸与安装、机体组的拆装与检修、活塞连杆组的拆装与检修、曲轴飞轮组的拆装与检修、配气机构的拆装与检修、润滑系统的拆装与检修、冷却系统的拆装与检修、空气供给系统的拆装与检修、燃油供给系统的拆装与检修、点火系统的拆装与检修、起动系统的拆装与检修，共12个实训项目，旨在通过实践教学使学生掌握汽车发动机的结构组成和工作原理，掌握发动机的拆装步骤、技术要求及检修方法，提高知识的运用能力和实际动手能力。

从编写内容和结构设计上来看，本书具有以下特点：

1. 与生产实际相结合，按照基于工作过程的要求进行知识和技能的整合，学以致用。在教材编写的过程中，充分考虑到汽车维修工作的实际和专业教学的特点，以实用、精练为出发点，与生产实际相结合，按照基于工作过程模块化教学的要求进行知识和技能的整合，以此为基础进行教材内容的选择和结构设计，学以致用。

2. 以基本技能训练为主线，在形成性教学过程中突出实践能力的培养。以专项能力培养为单元，与理论教材同步设计了若干个实训项目，每个项目都包含有实训目标、实划设备与工具、实训内容与步骤、注意事项和实训工单（工作页）、考核评分表。其中，实训步骤清晰、图文并茂，保证了内容的可操作性和指导意义。实训工单、考核评分表列有操作要点和评分标准，为实践环节的记录和考核提供了方便。同时，在形成性教学过程中进行的形成性评价（考核），更关注学生的学习过程，也能最大限度地培养学生的自主学习能力和分析、解决问题的实际工作能力。

由于各个学校的师资水平、教学条件等有所不同，在教材的使用过程中，可根据学校的实际情况，选择其中一部分项目，也可将各项目进行综合，以灵活多样的形式组织实践教学和考核。

本书由曹红兵任主编,参加编写的有董颖、赵迎生、卢国东、陈汉生、董康军、毕萌芽、王利利。在编写过程中,还得到了吴定宜、齐飞林、李骏伟等的大力支持和帮助,在此向他们表示感谢。

在本书的编写过程中,编者参考了大量的书籍、论文等文献资料,在此,谨向原作者表示感谢。

由于编者水平有限,书中难免存在错误或疏漏之处,恳请广大读者给予批评指正。

编　者

目　录

丛书序

前言

项目1　发动机总体结构与工作原理认知 ··· 1
　　实训工单1　发动机总体结构与工作原理认知 ······························ 7
　　考核评分表1　发动机总体结构与工作原理认知 ···························· 8
项目2　V带与正时同步带的拆卸与安装 ·· 9
　　实训工单2　V带与正时同步带的拆卸与安装 ····························· 16
　　考核评分表2　V带与正时同步带的拆卸与安装 ··························· 17
项目3　机体组的拆装与检修 ·· 18
　　实训工单3　机体组的拆装 ·· 26
　　考核评分表3　机体组的拆装 ·· 27
　　实训工单4　机体组的检修 ·· 28
　　考核评分表4　机体组的检修 ·· 29
项目4　活塞连杆组的拆装与检修 ··· 30
　　实训工单5　活塞连杆组的拆装与检修 ····································· 38
　　考核评分表5　活塞连杆组的拆装与检修 ··································· 39
项目5　曲轴飞轮组的拆装与检修 ··· 40
　　实训工单6　曲轴飞轮组的拆装与检修 ····································· 47
　　考核评分表6　曲轴飞轮组的拆装与检修 ··································· 48
项目6　配气机构的拆装与检修 ·· 49
　　实训工单7　配气机构的拆装 ·· 58
　　考核评分表7　配气机构的拆装 ·· 59
　　实训工单8　配气机构的检修 ·· 60
　　考核评分表8　配气机构的检修 ·· 61
项目7　润滑系统的拆装与检修 ·· 62
　　实训工单9　润滑系统的拆装与检修 ······································· 69
　　考核评分表9　润滑系统的拆装与检修 ····································· 70
项目8　冷却系统的拆装与检修 ·· 71

实训工单 10　冷却系统的拆装与检修 …………………………………………………… 77
　　考核评分表 10　冷却系统的拆装与检修 …………………………………………………… 78
项目 9　空气供给系统的拆装与检修 ………………………………………………………………… 79
　　实训工单 11　空气供给系统的拆装与检修 ………………………………………………… 85
　　考核评分表 11　空气供给系统的拆装与检修 ……………………………………………… 86
项目 10　燃油供给系统的拆装与检修 ……………………………………………………………… 87
　　实训工单 12　燃油供给系统的拆装与检修 ………………………………………………… 94
　　考核评分表 12　燃油供给系统的拆装与检修 ……………………………………………… 95
项目 11　点火系统的拆装与检修 …………………………………………………………………… 96
　　实训工单 13　点火系统的拆装与检修 ……………………………………………………… 101
　　考核评分表 13　点火系统的拆装与检修 …………………………………………………… 102
项目 12　起动系统的拆装与检修 …………………………………………………………………… 103
　　实训工单 14　起动系统的拆装与检修 ……………………………………………………… 106
　　考核评分表 14　起动系统的拆装与检修 …………………………………………………… 107
参考文献 ……………………………………………………………………………………………… 108

项目1　发动机总体结构与工作原理认知

一、实训目标
(1) 掌握发动机的主要结构组成与工作原理。
(2) 掌握发动机主要部件的安装位置、装配关系与运动情况。

二、实训设备与工具
(1) 桑塔纳2000GSi（或2000GLi）型轿车实车。
(2) 带拆装翻转架且可正常运行的桑塔纳2000 AJR（或 AFE）型发动机。
(3) 经局部解剖由电动机驱动的桑塔纳2000 AJR（或 AFE）型发动机。
(4) 汽车维修常用拆装工具与大众轿车专用拆装工具。
(5) 零部件存放台。

三、实训内容与步骤
发动机是汽车的"心脏"、动力之源，是由多个机构和系统组成的。现代汽车发动机的结构形式很多，即使是同一类型的发动机，其具体结构也不尽相同，但不论哪种类型的发动机，其基本结构都是相似的。

1. 认知发动机结构组成

(1) 汽油发动机的总体构造　汽油发动机主要由两大机构、五大系统组成，两大机构指曲柄连杆机构和配气机构，五大系统指供给系统、冷却系统、润滑系统、点火系统和起动系统，如图1-1所示。

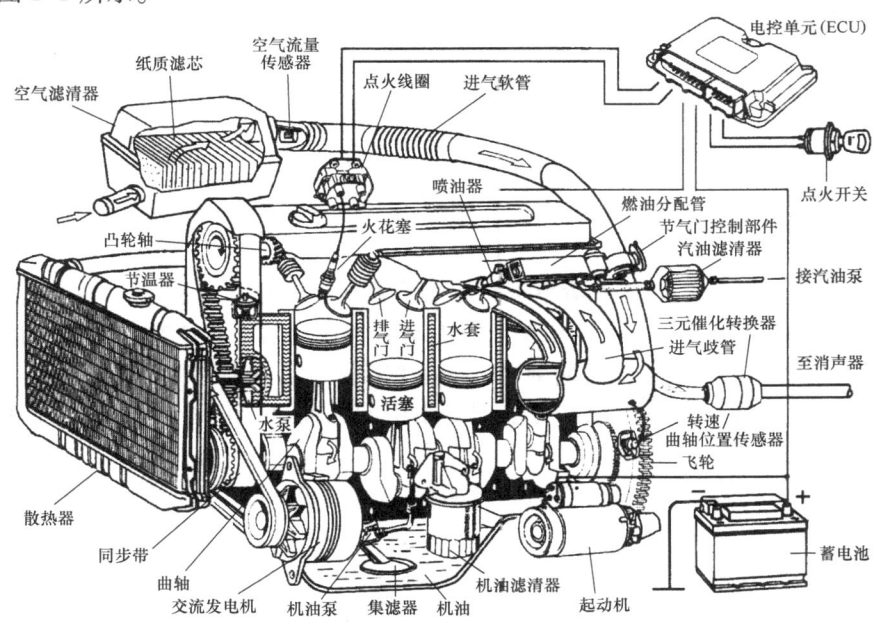

图1-1　汽油发动机剖面图

① 曲柄连杆机构。曲柄连杆机构主要由机体组（包括气缸体、气缸盖、气缸垫、油底壳等）、活塞连杆组（包括活塞、活塞环、活塞销、连杆等）、曲轴飞轮组（包括曲轴、飞轮、曲轴正时齿轮等）组成。曲柄连杆机构是发动机实现热能与机械能相互转换的核心机构，它将燃料燃烧所放出的热能通过活塞、连杆、曲轴等零部件转换成机械能，进而驱动汽车行驶。

② 配气机构。配气机构主要由气门组（包括气门、气门导管、气门座、气门弹簧、锁片等）、气门传动组（包括正时齿轮、同步带、凸轮轴、气门挺杆等）组成。其功用是根据发动机的工作需要，适时地打开进气通道或排气通道，以便使可燃混合气（燃料与空气的混合物）及时地进入气缸，或使废气及时地从气缸内排出。而在发动机不需要进气或排气时，则利用气门将进气通道或排气通道关闭，以便保持气缸的密封。

③ 供给系统。供给系统的功用是根据发动机工作状况的需要，配制出合适数量和浓度的可燃混合气并送入气缸。电子控制燃油喷射式发动机供给系统由空气供给系统和燃油供给系统两部分组成，其中空气供给系统主要由空气滤清器、进气总管、空气流量传感器（或进气歧管压力传感器）、节气门体（节气门位置传感器）、进气歧管、怠速控制装置等组成，燃油供给系统主要由燃油箱、电动燃油泵、燃油滤清器、燃油分配管、油压调节器、喷油器和回油管等组成。

④ 冷却系统。水冷式冷却系统通常由水泵、节温器、水套、散热器、膨胀水箱、风扇、冷却液温度表等组成。其功用是帮助发动机散热，以保证发动机在最适宜的温度下工作。

⑤ 润滑系统。润滑系统由机油盘、机油泵、集滤器、机油滤清器、限压阀、油道、机油尺等组成。其功用是向做相对运动的零件表面输送清洁的润滑油，以减小摩擦和磨损，并对摩擦表面进行清洗和冷却，起到润滑、冷却、洗涤、密封、防锈防腐和消除冲击负荷的作用。

⑥ 点火系统。点火系统包括供给低压电流的蓄电池和发电机、点火控制器、分电器（有些发动机没有）、点火线圈以及火花塞等。其功用是根据发动机的工作需要，及时地点燃气缸内的混合气。

⑦ 起动系统。起动系统包括起动机及其附属装置，其功用是使发动机由静止进入到正常工作状态。

桑塔纳 2000GLi 实车所采用的 AFE 型发动机和 2000GSi 实车所采用的 AJR 型发动机，均为直列四缸、自然吸气、两气门、电子控制燃油喷射系统、水冷式发动机，AJR 型发动机如图 1-2 所示。

注意：两种发动机除了燃料供给系统和点火系统有比较明显的差异外，在很多系统上的结构变化不大，通用零部件也较多。与 AFE 型发动机相比，AJR 型发动机有以下主要特点：

① 取消了中间轴，机油泵改由曲轴通过链条直接驱动，在原中间轴附近安装了 23 齿的水泵齿形轮（AFE 型发动机机油泵和分电器是由中间轴通过斜齿轮驱动的，而中间轴本身则由曲轴同步带轮通过同步带驱动）。

② 改进了进排气系统，进、排气管在气缸盖两侧分置，进气管加长、加粗，增大了空气滤清器的容积。

③ 将 AFE 型发动机采用的 M1.5.4 顺序多点燃油喷射系统升级为更为先进的 M3.8.2 顺序多点燃油喷射系统，取消了分电器，增加了曲轴位置传感器和凸轮轴位置传感器，并将进气压力传感器更换为检测精度更高的热膜式空气流量传感器。

图 1-2 桑塔纳 2000GSi 轿车 AJR 型发动机

桑塔纳 2000GSi 实车 AJR 型发动机总成纵向、横向剖面图如图 1-3、图 1-4 所示。

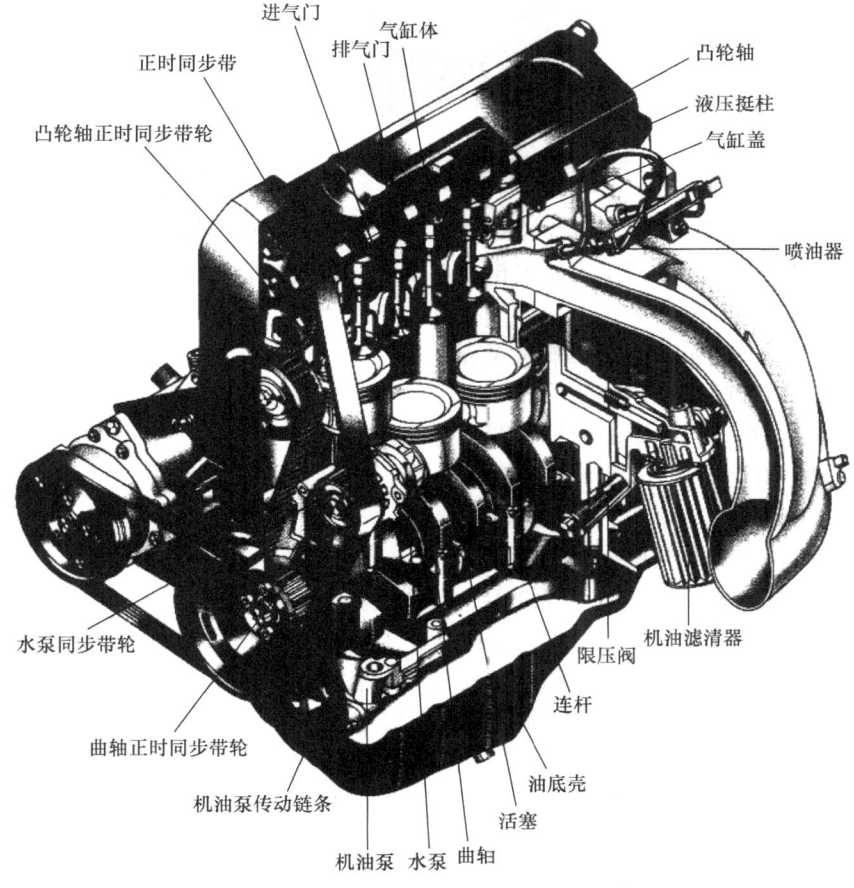

图 1-3 桑塔纳 2000GSi 轿车 AJR 型发动机纵向剖面图

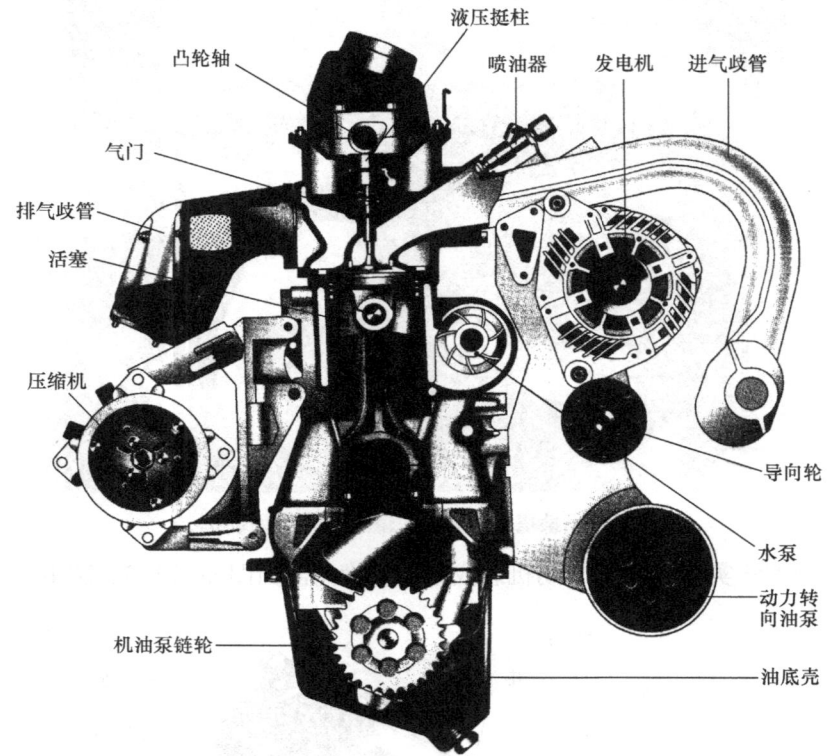

图 1-4　桑塔纳 2000GSi 轿车 AJR 型发动机横向剖面图

（2）拆卸发动机外围附件，结合经局部解剖的发动机认知各部件

① 观察发动机外表，认知交流发电机、起动机、进气歧管、排气歧管等外围各附件。

② 拆卸发电机、起动机。

③ 拆卸动力转向油泵及空调压缩机 V 带。

④ 拆卸进、排气歧管及衬垫。

⑤ 拆卸气门室罩盖，拆下凸轮轴正时同步带防护罩。

⑥ 拆卸凸轮轴同步带、张紧轮、正时同步带、水泵总成。

⑦ 拆卸燃油分配管、喷油器以及火花塞。

⑧ 转动曲轴，观察配气机构工作情况。

⑨ 拆卸气缸盖，认知气缸体、气缸盖、气缸垫。

⑩ 观察气门传动组中的气门挺杆、正时齿轮、同步带、凸轮轴。

⑪ 观察另一台经局部解剖的发动机的相应解剖位置，认知配气机构各部件（气门组中的气门、气门导管、气门座、气门弹簧与弹簧座），并注意它们的安装位置及连接关系。

⑫ 拆卸油底壳。

⑬ 拆卸机油泵驱动链轮和机油泵。

⑭ 转动曲轴与飞轮，观察曲柄连杆机构的运动情况。观察另一台经局部解剖的发动机的相应解剖位置，认知曲柄连杆机构各部件（活塞连杆组中的活塞、活塞环、活塞销、连杆、连杆轴承，曲轴飞轮组中的曲轴、飞轮、主轴承等），并注意它们的安装位置及连接关系。

⑮ 按相反顺序装回发动机外围附件。

2. 认知发动机工作原理

（1）汽油发动机的工作原理　四冲程汽油发动机的每一个工作循环都有 4 个活塞行程，按其作用分别称为进气行程、压缩行程、做功行程和排气行程，如图 1-5 所示。

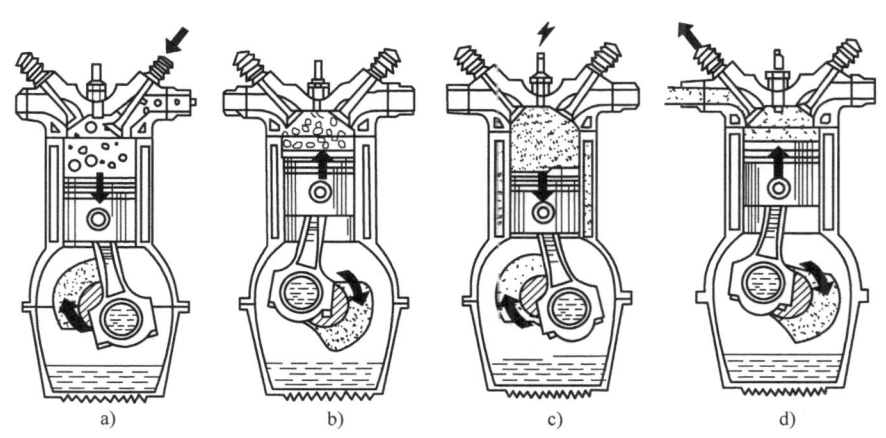

图 1-5　四冲程汽油发动机的工作原理
a）进气行程　b）压缩行程　c）做功行程　d）排气行程

① 进气行程。在进气行程中，活塞由曲轴带动由上止点向下止点运动，此时排气门关闭、进气门开启。活塞由上止点向下止点运动过程中，气缸内的容积逐渐增大，形成一定的真空度，可燃混合气通过进气门被吸入气缸。当活塞到达下止点时，气缸内充满了可燃混合气。

② 压缩行程。进气行程结束时，活塞在曲轴的带动下开始由下止点向上止点运动，此时排气门仍处于关闭状态，而进气门开始逐渐关闭。随着活塞的向上运动，气缸内的容积逐渐减小。由于进气门和排气门均处于关闭状态，进入气缸内的混合气被压缩，其温度和压力升高，直到活塞到达上止点，压缩行程结束。

③ 做功行程。当活塞运动接近压缩行程上止点时，火花塞跳火点燃气缸内的混合气，此时进气门和排气门均处于关闭状态，气缸内气体的温度和压力同时升高，从而推动活塞从上止点向下止点运动，并通过连杆推动曲轴旋转输出机械能。

④ 排气行程。做功行程结束时，气缸内的气体将活塞推至下止点，气缸内的混合气也因燃烧变为废气。此时排气门打开，进气门仍处于关闭状态，活塞在曲轴的带动下从下止点向上止点运动，气缸内的废气经排气门排出，直到活塞到达上止点，排气行程结束。

发动机工作时，需要连续不断地进行循环，在每个循环中都是依次完成进气、压缩、做功、排气 4 个行程。

（2）观察经局部解剖由电动机驱动的发动机（图 1-6）运行情况，认知发动机工作原理

① 连接 220V 交流电源，接通电源开关（此时发动机开始运转）。

② 转动转速调节旋钮，将发动机转速调至便于观察为止。

③ 观察曲柄连杆机构的运动情况。

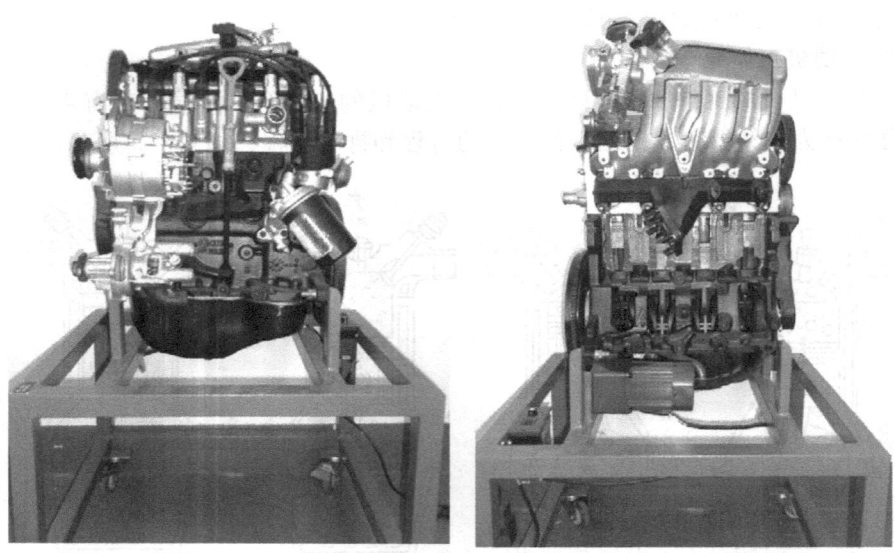

图 1-6 经局部解剖的发动机

④ 观察正时齿轮、同步带、凸轮轴及气门组中各部件的运动情况。

⑤ 关闭电源开关，断开 220V 交流电源。

四、注意事项

（1）穿着合体的工作服。

（2）不得擅自动用与实验无关的其他设备。

（3）发动机运转时注意人身安全，手、衣服、工具等应远离传动带等旋转部件。

（4）拆下的零部件做好标记并按顺序摆放，以防零部件漏装。

（5）所有螺栓必须按要求拧紧。

实训工单 1 发动机总体结构与工作原理认知

班级：_____ 组长：_____ 组员：_____

发动机型号：_____

操作要点（需在□、空格等处进行正确的填写）

1. 打开实车发动机舱盖，指出以下部件：

气缸盖罩（气缸盖、气缸体）□、空气滤清器□、进气软管□、空气流量传感器□、节气门体□、进气歧管□、散热器□、电动风扇□、发电机□、蓄电池□

其他属于发动机的部件还有_____、_____、_____、_____。

2. 拆卸发动机外围附件，结合经局部解剖的发动机认知各部件。

① 观察发动机外表，认知以下外围附件。

交流发电机□、起动机□、气缸盖罩□、气缸盖□、气缸体□、凸轮轴同步带□、进气歧管□、排气歧管□

② 拆卸发电机、起动机□。

③ 拆卸动力转向油泵及空调压缩机V带□。

④ 拆卸进、排气歧管及衬垫□。

⑤ 拆卸气门室罩盖，拆下凸轮轴正时同步带防护罩□。

通过观察，指出下列部件。

曲轴正时同步带轮□、凸轮轴正时同步带轮□、水泵同步带轮□、张紧轮□

⑥ 拆卸凸轮轴同步带、张紧轮、正时同步带、水泵总成□。

⑦ 拆卸燃油分配管、喷油器以及火花塞□。

⑧ 转动曲轴，观察配气机构工作情况□。

桑塔纳 2000 轿车发动机的配气机构为气门、凸轮轴_____（顶、中、下）置式，即气门与凸轮轴位于_____上，由凸轮轴_____驱动气门。

⑨ 拆卸气缸盖，指出下列部件。

气缸体□、气缸盖□、气缸垫□

⑩ 通过观察，指出气门传动组中的下列部件。

气门挺杆□、正时齿轮□、同步带□、凸轮轴□

⑪ 观察另一台经局部解剖的发动机的相应解剖位置，指出气门组中的以下各部件。

气门□、气门导管□、气门座□、气门弹簧与弹簧座□

⑫ 拆卸油底壳□。

⑬ 拆卸机油泵驱动链轮和机油泵□。

⑭ 转动曲轴与飞轮，观察曲柄连杆机构的运动情况□。

观察另一台经局部解剖的发动机的相应解剖位置，指出曲柄连杆机构以下各部件。

活塞连杆组：活塞□、活塞环□、活塞销□、连杆□、连杆轴承□

曲轴飞轮组：曲轴□、飞轮□、主轴承□

⑮ 按相反顺序装回发动机外围附件。

3. 观察经局部解剖由电动机驱动的发动机运行情况，认知发动机工作原理。

① 发动机的点火做功顺序是_____。

② 在进气行程，活塞由_____向_____运动，排气门_____、进气门_____。

在压缩行程，活塞由_____向_____运动，排气门_____、进气门_____。

在做功行程，活塞由_____向_____运动，排气门_____、进气门_____。

在排气行程，活塞由_____向_____运动，排气门_____、进气门_____。

考核评分表 1 发动机总体结构与工作原理认知

班级：_____ 组长：_____ 组员：_____

考核时间：30min

项目	配分	评分标准	扣分	得分
工量具使用	15	工量具选择不当、使用错误，每次扣 1~2 分，扣分不超过 8 分		
		造成工量具损坏，扣 3~7 分		
认知过程	65	观察实车发动机部件时，有遗漏或述说不正确，每个扣 1~2 分，总扣分不超过 6 分		
		认知发动机机体组各部件时，有遗漏或述说不正确，每个扣 1~2 分，总扣分不超过 6 分		
		认知发动机活塞连杆组各部件时，有遗漏或述说不正确，每个扣 1~2 分，总扣分不超过 10 分		
		认知发动机曲轴飞轮组各部件，有遗漏或述说不正确，每个扣 1~2 分，总扣分不超过 6 分		
		认知发动机配气机构各部件时，有遗漏或述说不正确，每个扣 1~2 分，总扣分不超过 10 分		
		认知发动机冷却系统、润滑系统各部件时，有遗漏或述说不正确，每个扣 1~2 分，总扣分不超过 6 分		
		认知发动机燃料供给系统、点火系统和起动系统各部件时，有遗漏或述说不正确，每个扣 1~2 分，总扣分不超过 6 分		
		认知发动机工作原理，述说不正确，扣 3~5 分		
		拆下的零部件没做标记、不按顺序摆放，扣 3~5 分		
		有零部件漏装，扣 5 分		
工单填写	15	填写不完整或错误，每处扣 1~2 分，扣分不超过 15 分		
整理清场	5	没有复原设备、清理现场，扣 2~5 分		
小计				
成绩评定				

考核教师签名：

项目 2 V 带与正时同步带的拆卸与安装

一、实训目标
（1）掌握 V 带与正时同步带的拆卸与安装方法。
（2）掌握配气相位的调整方法。

二、实训设备与工具
（1）桑塔纳 2000GSi（或 2000GLi）型轿车实车。
（2）带拆装翻转架且可正常运行的桑塔纳 2000 AJR（或 AFE）型发动机。
（3）汽车维修常用拆装工具与大众轿车专用拆装工具。
（4）零部件存放台。

三、实训内容与步骤

1. AFE 型发动机

（1）V 带与正时同步带的拆卸　正时同步带及 V 带的拆卸可参见图 2-1 所示进行，具体步骤如下：

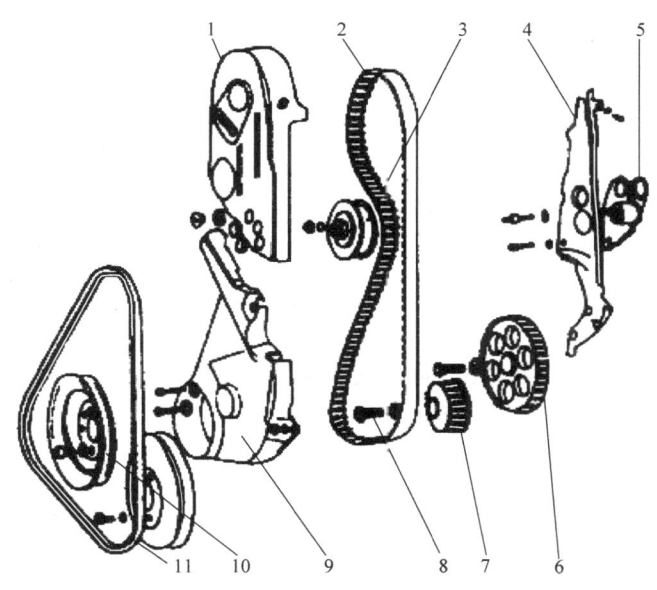

图 2-1　正时同步带和 V 带等零件的分解图

1—正时同步带上护罩　2—正时同步带　3—正时同步带张紧轮　4—正时同步带后护罩　5—塞盖
6—中间轴正时同步带轮　7—曲轴正时同步带轮　8—曲轴正时同步带轮紧固螺栓（拧紧力矩 80N·m）
9—正时同步带下护罩　10—曲轴 V 带轮　11—V 带

① 旋松发电机支承臂的紧固螺栓，拆下发动机上的水泵 V 带。
② 拆下水泵 V 带轮，拆下曲轴 V 带轮。两种带轮紧固螺栓的拧紧力矩为 20N·m。
③ 拆下正时同步带上护罩，再拆下正时同步带下护罩。

④ 旋松正时同步带张紧轮紧固螺栓，转动张紧轮的偏心轴，使正时同步带松弛，取下正时同步带。

⑤ 拆下曲轴正时同步形带轮，拆下中间轴正时同步带轮。

⑥ 拆下正时同步带后护罩。

（2）正时同步带与 V 带的安装　正时同步带及 V 带的安装可参见图 2-1 所示并按拆卸相反的步骤进行。

① 将正时同步带套在曲轴和中间轴正时同步带轮，如图 2-2 所示。

② 用一只螺栓固定曲轴 V 带轮，注意 V 带轮的定位。

③ 使凸轮轴正时同步带轮上的标记与气门罩盖平面上的标记对齐，如图 2-3 所示。注意：在转动凸轮轴时，曲轴不可位于上止点位置，以防气门可能碰坏活塞顶部。

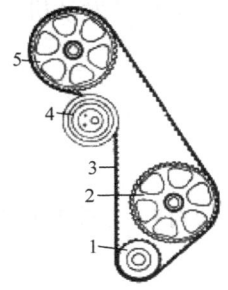
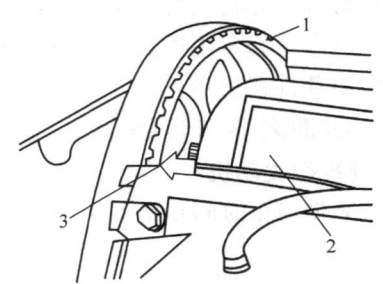

图 2-2　正时同步带安装示意图
1—曲轴正时同步带轮　2—中间轴正时同步带轮
3—正时同步带　4—张紧轮　5—凸轮轴正时同步带轮

图 2-3　凸轮轴正时同步带轮标记与气门罩盖平面对齐
1—凸轮轴正时同步带轮　2—气门罩盖　3—对齐标记

④ 使曲轴 V 带轮上的上止点标记和中间轴正时同步带轮上的标记对齐，如图 2-4 所示。此时为一缸压缩上止点，凸轮轴没有推压气门，可以保证即使曲轴转动，也不会使活塞与气门相撞而损坏气门。

⑤ 将正时同步带装到凸轮轴正时同步带轮上。

⑥ 按图 2-5 箭头方向转动张紧轮，以张紧正时同步带。

⑦ 用拇指和食指捏住凸轮轴正时同步带轮和中间轴正时同步带轮之间的正时同步带中间，刚好可以转 90°为合适，如图 2-5 所示。

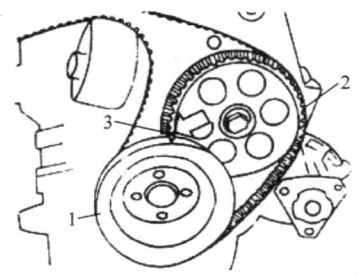
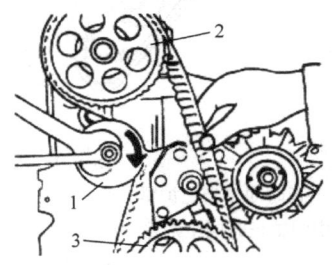

图 2-4　对齐中间轴正时同步带轮上的标记
1—曲轴 V 带轮　2—中间轴齿轮　3—对齐标记

图 2-5　调整正时同步带张紧度
1—张紧轮　2—凸轮轴正时同步带轮
3—中间轴正时同步带轮

⑧ 拧紧张紧轮的紧固螺母，拧紧力矩为 45N·m。

⑨ 转动曲轴两圈，检查调整是否正确。

⑩ 拆下曲轴的 V 带轮，装上正时同步带上防护罩，其紧固螺栓拧紧力矩为 10N·m。

⑪ 装上正时同步带下防护罩，其紧固螺栓拧紧力矩为 10N·m，装上 V 带轮和 V 带。

⑫ 检查 V 带的张紧度，用拇指按下水泵与发电机之间的 V 带，用 100N 力可按压 10~15mm。

⑬ 检查点火正时，必要时进行调整。

2. AJR 型发动机

空调压缩机 V 带及发电机、动力转向油泵 V 带在发动机的布置情况如图 2-6 所示，在实车上的安装情况如图 2-7、图 2-8 所示。

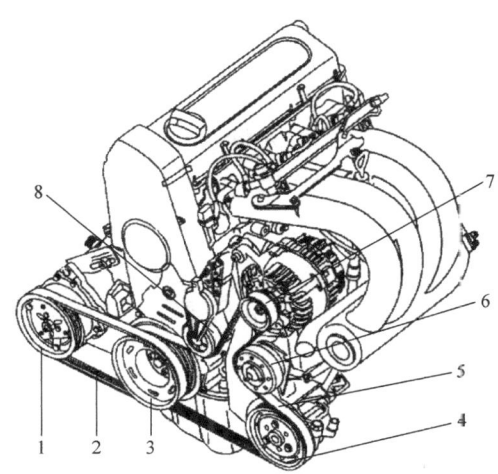

图 2-6　空调压缩机 V 带及发电机、
动力转向油泵 V 带

1—空调压缩机 V 带轮　2—V 带 1　3—曲轴 V 带轮
4—动力转向油泵 V 带轮　5—V 带 2
6—导向轮　7—发电机 V 带轮　8—V 带张紧轮

注意：在拆卸 V 带之前要先作好方向标记。如果按相反方向使用 V 带可能导致其损坏，在安装时保证 V 带正确地啮合进 V 带轮内。

图 2-7　空调压缩机 V 带在实车上的安装

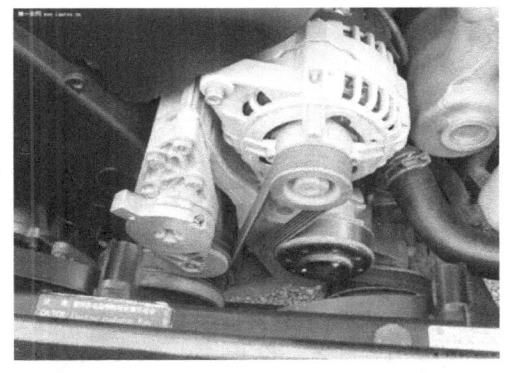

图 2-8　发电机、动力转向油泵 V 带在实车上的安装

（1）发电机、动力转向油泵 V 带的拆卸　发电机、动力转向油泵 V 带的分解图如图 2-9 所示，按以下步骤进行。

① 断开蓄电池搭铁线。

② 抽取冷却液，拔下通向散热器的上冷却液管。

③ 松开发电机的上、下连接螺栓。轻轻转动发电机，拔下下部连接螺栓。

④ 拆下发电机。

⑤ 如图 2-10、图 2-11 所示，松开空调压缩机固定螺栓，转动调整螺栓，使空调压缩机靠近机体，拆下 V 带。

⑥ 用呆扳手扳动发电机、动力转向油泵 V 带张紧轮，使发电机、动力转向油泵 V 带松弛。

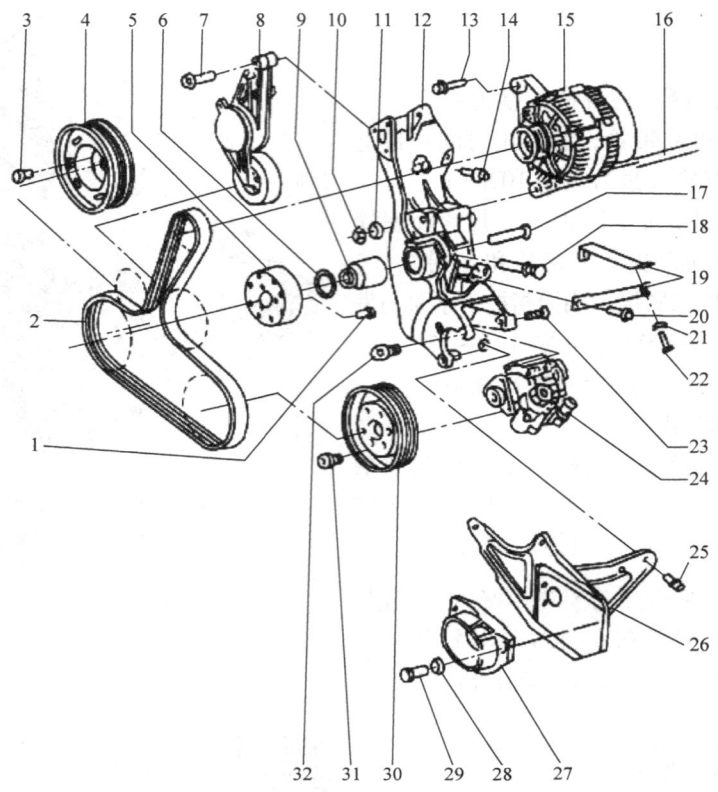

图 2-9　发电机、动力转向油泵 V 带的分解图

1—螺栓（拧紧力矩 10N·m）　2—V 带　3—螺栓（拧紧力矩 40N·m）　4—曲轴 V 带轮　5—导向轮　6—保持夹
7、13、23、25、29、31、32—螺栓（拧紧力矩 25N·m）　8—V 带张紧轮　9—过渡轮
10、14、16、17、18—螺栓（拧紧力矩 45N·m）　11、28—垫圈　12—支架　15—发电机　19—支架
20、22—螺栓（拧紧力矩 20N·m）　21—垫圈　24—动力转向油泵　26—支架
27—扭力臂止位块　30—动力转向油泵 V 带轮

图 2-10　松开空调压缩机固定螺栓

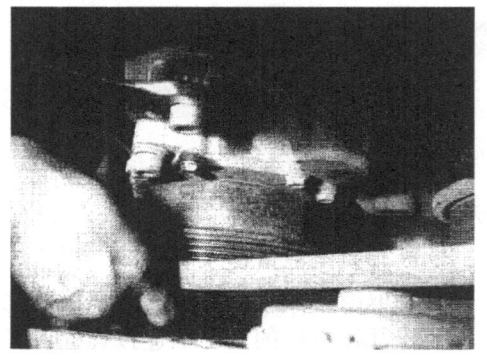

图 2-11　拆下空调压缩机 V 带

⑦ 用销钉 3204 固定住发电机、动力转向油泵 V 带张紧轮，如图 2-12 所示，此时 V 带变松，可拆下张紧轮。

⑧ 拆下发电机、动力转向油泵 V 带，检查磨损情况，不得扭曲。

(2) 发电机、动力转向油泵 V 带的安装　在安装 V 带之前保证发电机和动力转向油泵都已经安装牢固。

① 套上发电机、动力转向油泵 V 带。

② 安装连接销钉 3204 的张紧轮。

③ 将发电机、动力转向油泵 V 带在发电机 V 带轮上定位，如图 2-13 所示。

图 2-12　张紧轮固定后 V 带变松

图 2-13　安装并定位发电机、动力转向油泵 V 带

④ 检查发电机、动力转向油泵 V 带的正确位置。

⑤ 张紧发电机、动力转向油泵 V 带，拆下张紧轮上的销钉 3204。如图 2-14 所示，用手按压 V 带检查其松紧度。

⑥ 安装空调压缩机，安装空调压缩机 V 带。如图 2-15 所示，用手按压 V 带检查其松紧度，AJR 型发动机要求施加 29～49N 的力时，其挠度变形为 10～15mm。

图 2-14　检查发电机、动力转向油泵 V 带松紧度

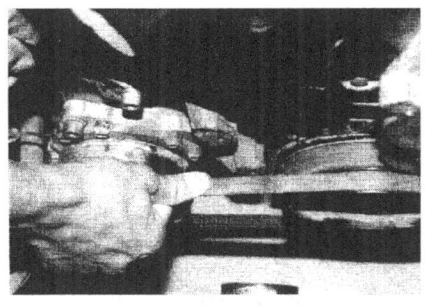
图 2-15　检查空调压缩机 V 带松紧度

(3) 正时同步带的拆卸　正时同步带的拆卸可按图 2-16 所示进行，步骤如下：

① 转动曲轴 V 带轮，使其标记与机体标记对齐（图 2-17），此时第 1 缸活塞处于上止点位置。

② 拆卸正时同步带上防护罩。

③ 如图 2-18 所示，将凸轮轴正时同步带轮的标记对准正时同步带防护罩的标记。

④ 拆卸曲轴 V 带轮，如图 2-19 所示。

⑤ 拆卸正时同步带中间及下防护罩。

⑥ 用粉笔等在正时同步带作好标记，检查磨损情况，不得扭曲。

⑦ 松开半自动张紧轮并拆下正时同步带，如图 2-20 所示。

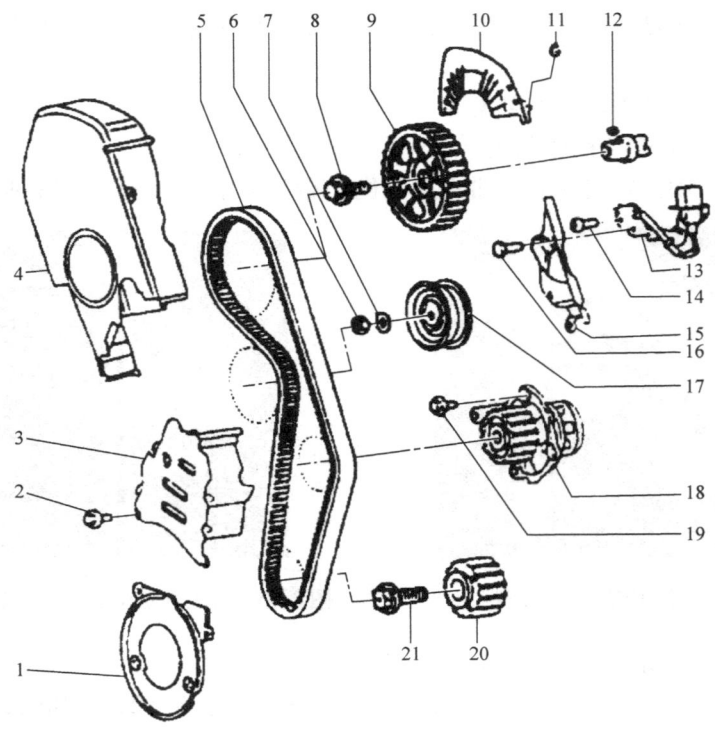

图 2-16　正时同步带及附件的分解图

1—正时同步带下防护罩　2—中间防护罩螺栓（拧紧力矩10N·m）　3—正时同步带中间防护罩
4—正时同步带上防护罩　5—正时同步带　6—张紧轮固定螺栓（拧紧力矩15N·m）
7—波纹垫圈　8—凸轮轴正时同步带轮固定螺栓（拧紧力矩100N·m）
9—凸轮轴正时同步带轮　10—正时同步带后上防护罩　11—防护固定螺栓（拧紧力矩10N·m）
12—半圆键　13—霍尔传感器　14—螺栓（拧紧力矩10N·m）　15—正时同步带后防护罩
16—螺栓（拧紧力矩20N·m）　17—半自动张紧轮　18—水泵　19—螺栓（拧紧力矩15N·m）
20—曲轴正时同步带轮　21—曲轴正时同步带轮螺栓（拧紧力矩90N·m+1/4圈）

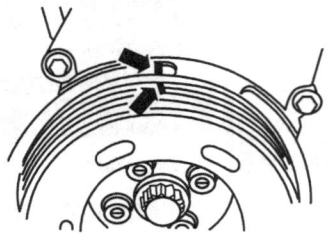

图 2-17　一缸上止点标记

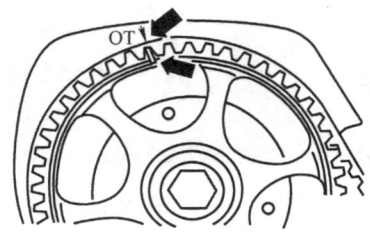

图 2-18　凸轮轴正时同步带轮与防护罩上的标记

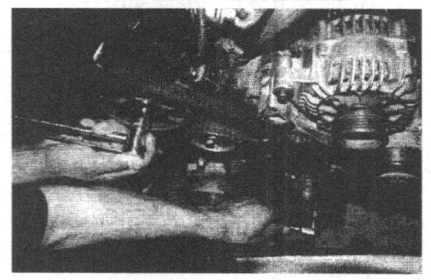

图 2-19　拆卸曲轴V带轮

图 2-20　拆下正时同步带

(4) 正时同步带的安装　图 2-21 为拆去正时同步带上、中防护罩后的视图，正时同步带的安装（调整配气相位）可参照此图进行。凡是进行过与正时同步带相关的修理工作后，都要按下述步骤对正时同步带进行调整：

① 转动凸轮轴，将凸轮轴正时同步带轮的标记对准正时同步带防护罩的标记。注意：转动凸轮轴前应先转动曲轴，使曲轴不在上止点的位置，以免损坏气门及活塞。

② 转动曲轴，使曲轴 V 带轮上止点标记与机体标记对齐，如图 2-17 所示。

③ 将正时同步带安装到曲轴正时同步带轮和水泵，注意安装位置。

④ 将正时同步带安装到张紧轮和凸轮轴正时同步带轮。注意：半自动张紧轮的位置，定位块（如图 2-22 箭头所示）必须嵌入气缸盖上的缺口内。

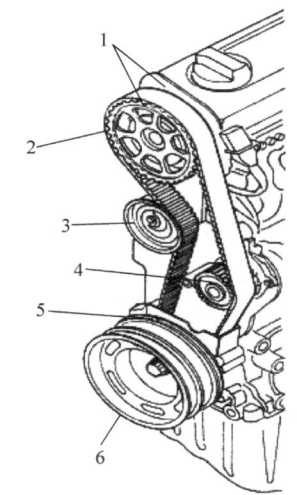

图 2-21　正时同步带的安装
1—凸轮轴正时标记
2—凸轮轴正时同步带轮
3—半自动张紧轮　4—水泵同步带轮
5—曲轴正时标记　6—曲轴 V 带轮

⑤ 将半自动张紧轮逆时针转动，直到可以使用专用工具（Matra V159）为止，如图 2-22 中箭头所示。松开张紧轮，直到指针 1 位于缺口 2 下方约 10mm 处。旋紧张紧轮，直到指针 1 和缺口 2 重叠，将张紧轮上锁紧螺母以 15N·m 的力矩拧紧。

⑥ 用手转动曲轴，检查并调整。

⑦ 安装正时同步带下防护罩、曲轴正时同步带轮、正时同步带上部和中间防护罩。

⑧ 当发动机前端位于维修工作台，正时同步带已安装并张紧时，拆下正时同步带上防护罩，用拇指用力弯曲正时同步带，指针 2 应该移向一侧，如图 2-23 所示。当放松正时同步带时，张紧轮应该回到初始位置（缺口 1 和指针 2 重叠）。

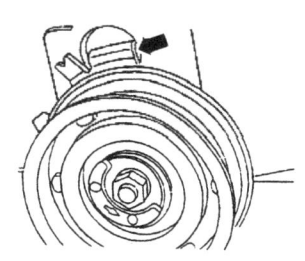

图 2-22　半自动张紧轮的位置

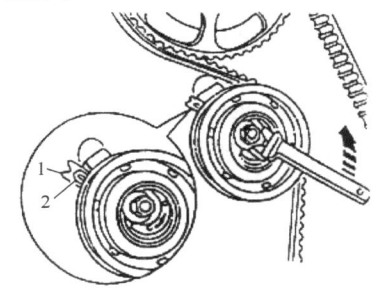

图 2-23　安装半自动张紧轮
1—缺口　2—指针

四、注意事项

(1) 穿着合体的工作服。
(2) 不得擅自动用与实验无关的其他设备。
(3) 发动机运转时注意人身安全，手、衣服、工具等应远离传动带等旋转部件。
(4) 在转动凸轮轴时，曲轴不可位于上止点位置，以防气门可能碰坏活塞顶部。
(5) 拆下的零部件做好标记并按顺序摆放，以防零部件漏装。
(6) 所有螺栓必须按要求拧紧。

实训工单 2　V 带与正时同步带的拆卸与安装

班级：_____　组长：_____　组员：_____

发动机型号：_____

操作要点（需在□、空格等处进行正确的填写）

1. 在 AFE 型发动机上，与 V 带有关的齿轮有（只填序号）_____，与正时同步带有关的齿轮有_____。

①曲轴 V 带轮　②水泵 V 带轮　③发电机 V 带轮　④曲轴正时同步带轮　⑤中间轴正时同步带轮　⑥张紧轮　⑦凸轮轴正时同步带轮

2. 在 AJR 型发动机上，与空调压缩机 V 带有关的齿轮有_____，与发电机、动力转向油泵 V 带有关的齿轮有_____，与正时同步带有关的齿轮有_____。

①空调压缩机 V 带轮　②曲轴 V 带轮　③动力转向油泵 V 带轮　④导向轮　⑤发电机 V 带轮　⑥V 带张紧轮　⑦曲轴正时同步带轮　⑧凸轮轴正时同步带轮　⑨半自动张紧轮　⑩水泵同步带轮

3. AFE 型发动机 V 带与正时同步带的拆装

① 拆下水泵 V 带□、水泵 V 带轮□，拆下曲轴 V 带轮□。

② 旋松正时同步带张紧轮紧固螺栓，转动张紧轮的偏心轴，取下正时同步带□。

③ 拆下曲轴正时同步带轮□，拆下中间轴正时同步带轮□。

④ 将正时同步带套在曲轴和中间轴正时同步带轮□。

⑤ 使凸轮轴正时同步带轮的标记与_____的标记对齐，使曲轴 V 带轮的上止点标记和_____的标记对齐（此时为_____压缩上止点）□。

⑥ 将正时同步带装到凸轮轴正时同步带轮上□。

⑦ 检查正时同步带张紧度的方法是：_____。

⑧ 装上 V 带轮和 V 带□，检查 V 带张紧度的方法是：_____。

4. AJR 型发动机空调压缩机 V 带及发电机、动力转向油泵 V 带的拆装

① 松开发电机的上、下连接螺栓，拆下发电机□。

② 松开空调压缩机固定螺栓，拆下空调压缩机 V 带□。

③ 扳动发电机、动力转向油泵 V 带张紧轮，拆下发电机、动力转向油泵 V 带□。

④ 套上并张紧发电机、动力转向油泵 V 带□。

⑤ 将发电机、动力转向油泵 V 带在发电机 V 带轮上定位□。

⑥ 安装空调压缩机，安装空调压缩机 V 带□。

5. AJR 型发动机正时同步带的拆卸

① 转动曲轴 V 带轮，使曲轴 V 带轮上止点标记与_____对齐□。

② 将凸轮轴正时同步带轮上的标记对准_____上的标记□。

③ 拆卸曲轴 V 带轮，用粉笔等在正时同步带上作好标记□。

④ 松开半自动张紧轮并拆下正时同步带□。

⑤ 转动曲轴，使曲轴_____（在、不在）上止点的位置□。

⑥ 再次检查调整曲轴 V 带轮上止点标记和凸轮轴正时同步带轮标记□。

⑦ 将正时同步带安装到曲轴正时同步带轮、水泵、张紧轮和凸轮轴正时同步带轮上□。

⑧ 转动半自动张紧轮，调整正时同步带张紧度，其方法是：_____。

⑨ 安装正时同步带下防护罩、曲轴正时同步带轮、正时同步带上部和中间防护罩□。

考核评分表 2　V 带与正时同步带的拆卸与安装

班级：_____　组长：_____　组员：_____

考核时间：30min

项目	配分	评分标准	扣分	得分
工量具使用	15	工量具选择不当、使用错误，每次扣 1~2 分，扣分不超过 8 分		
		造成工量具损坏，扣 3~7 分		
拆装过程	65	在拆卸 V 带之前没有作好方向标记，扣 2 分		
		拆卸正时同步带时，没有转动曲轴 V 带轮，使其标记与机体（中间轴正时同步带轮上）标记对齐，扣 6 分		
		在转动凸轮轴前，没有检查曲轴是否在上止点位置，扣 6 分		
		拆卸正时同步带时，没有将凸轮轴正时同步带轮上的标记对准正时同步带防护罩（气门罩盖平面）上的标记，扣 6 分		
		拆卸正时同步带时，没有在正时同步带上作好标记，扣 3 分		
		安装正时同步带时，没有使凸轮轴正时同步带轮上的标记对准正时同步带防护罩（气门罩盖平面）上的标记，扣 6 分		
		安装正时同步带时，没有使曲轴 V 带轮上止点标记与机体（中间轴正时同步带轮上）标记对齐，扣 6 分		
		正时同步带张紧度的检查方法不当或结果不正确，扣 2~5 分		
		V 带张紧度的检查方法不当或结果不正确，扣 2~5 分		
		没有按规定的拧紧力矩拧紧各处紧固螺母、紧固螺栓，每次扣 3 分，扣分不超过 10 分		
		拆下的零部件没做标记、不按顺序摆放，扣 3~5 分		
		有零部件漏装，扣 5 分		
工单填写	15	填写不完整或错误，每处扣 1~2 分，扣分不超过 15 分		
整理清场	5	没有整理工具、清理现场，扣 2~5 分		
小计				
成绩评定				

考核教师签名：

项目 3 机体组的拆装与检修

一、实训目标
(1) 掌握机体组的结构组成、主要零部件的装配关系。
(2) 掌握气缸体和气缸盖的拆装步骤、技术要求及检修方法。

二、实训设备与工具
(1) 带拆装翻转架且可正常运行的桑塔纳 2000 AJR（或 AFE）型发动机。
(2) 汽车维修常用拆装工具与大众轿车专用拆装工具。
(3) 金属刷子或刮刀、刀口形直尺、塞尺、千分尺、百分表、量缸表等。
(4) 零部件存放台。

三、实训内容与步骤

机体组由气缸盖、气缸垫、气缸体、油底壳等组成。气缸体和气缸盖是发动机的基础件，是发动机各系统主要零部件的装配基体，两者多为灰铸铁、合金铸铁或铝合金铸造而成。在高温、高压及交变载荷下工作，不但气缸体和气缸盖各配合表面会产生磨损，而且由于工作载荷和铸造残余应力的作用，也容易产生变形。在发动机的检修中，气缸体和气缸盖的检修是一项主要内容。

1. 气缸盖的拆装

(1) AFE 型发动机 气缸盖的拆装按以下步骤进行：
① 拆卸气缸盖附件、进排气管总成，拆卸火花塞及其垫圈，拆卸加油口盖。
② 拆卸气门罩盖，按图 3-1a 所示顺序逐渐松开气缸盖紧固螺栓。
③ 取下气门罩盖压条、密封衬条、衬垫。
④ 拆卸机油反射罩，取下半圆塞。
⑤ 拆卸凸轮轴前端正时同步带轮的紧固螺栓，取下凸轮轴正时同步带轮。
⑥ 旋松凸轮轴支承盖的紧固螺栓，取下支座盖。

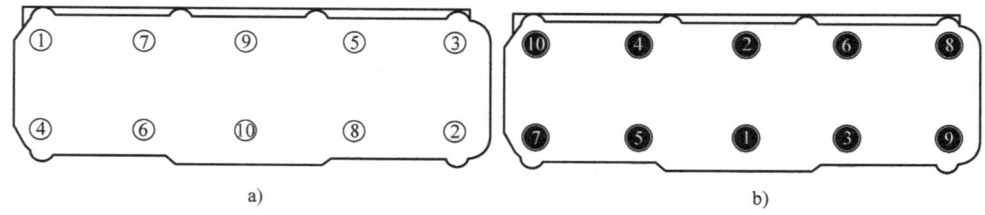

图 3-1 气缸盖螺栓的拆卸和拧紧顺序
a) 气缸盖螺栓拆卸顺序 b) 气缸盖螺栓拧紧顺序

⑦ 拆卸凸轮轴。取下液压挺杆总成。
⑧ 用专用工具 2037 压下气门弹簧，取下气门锁夹。
⑨ 取下气门锁夹座圈、气门内外弹簧。

⑩ 拆卸气门及气门油封。

图 3-2、图 3-3 所示为气缸盖螺栓拆卸及已拆下气缸盖的气缸体。

图 3-2　气缸盖螺栓拆卸

图 3-3　已拆下气缸盖的气缸体

气缸盖的安装基本与拆卸顺序相反，但应注意以下事项：

① 安装时应更换所有密封条或密封衬垫，并注意衬垫的安装位置。特别是气缸盖衬垫，应将标有"OBEN TOP"字样的一面朝向气缸盖，如图 3-4 所示。

② 在安放气缸盖时，曲轴不可置于上止点位置，否则气门和活塞顶部会损坏。可利用扭力扳手和专用套筒转动曲轴以使各气缸避开上止点位置，如图 3-5 所示。

③ 安装气缸盖时，应将专用工具 3070 定位导向螺栓旋入图 3-1b 所示气缸体第 8 和第 10 螺栓孔，放上气缸盖和其余 8 个螺栓，并稍微拧紧。用扳手旋出事先拧入的 3070 定位导向螺栓，并拧入气缸螺栓。按图 3-1b 所示的顺序，将气缸盖螺栓分 4 次旋紧。发动机冷态时，气缸盖紧固螺栓的拧紧力矩，第 1 次为 40N·m，第 2 次为 60N·m，第 3 次为 75N·m，第 4 次用扳手连续拧转 1/4 圈（90°）。气缸盖螺栓的拧紧如图 3-6 所示。

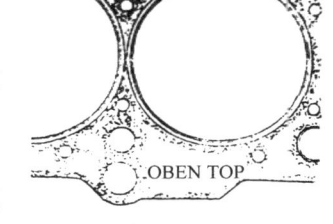

图 3-4　气缸盖衬垫的标记

图 3-5　转动曲轴

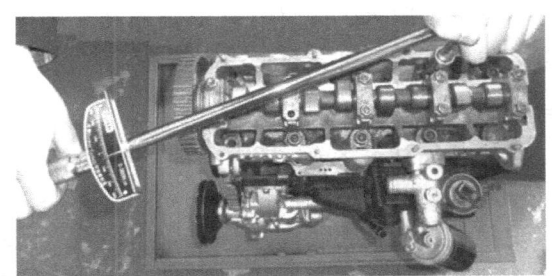

图 3-6　拧紧气缸盖螺栓至规定力矩

（2）AJR 型发动机　与 AFE 型发动机相比，AJR 型发动机少了中间轴、分电器及其驱动系统。另外，又增加了凸轮轴位置传感器，水泵、发电机结构及安装位置也有所改变。气缸盖的结构参见图3-7，气缸盖的拆卸按以下步骤进行：

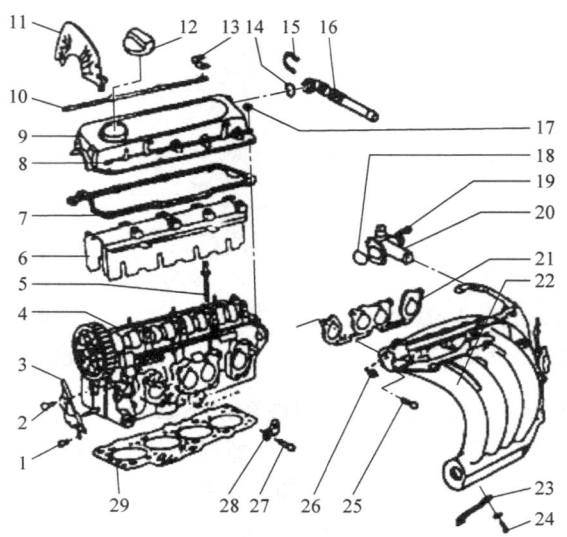

图 3-7　AJR 型发动机气缸盖分解图

1—螺栓（拧紧力矩15N·m）　2、25、27—螺栓（拧紧力矩20N·m）　3—正时同步带后护板　4—气缸盖总成　5—气缸盖螺栓　6—机油反射罩　7—气门罩盖衬垫　8—紧固压条　9—气门罩盖　10—压条　11—正时同步带后上罩　12—加机油口盖　13—支架　14—密封圈　15—夹箍　16—曲轴箱通气软管　17—螺母（拧紧力矩12N·m）　18—密封圈　19—螺栓（拧紧力矩10N·m）　20—凸缘　21—进气歧管衬垫　22—进气歧管　23—进气歧管支架　24—进气歧管支架紧固螺栓　26—螺母（拧紧力矩20N·m）　28—吊耳　29—气缸盖衬垫

① 拆卸进气歧管。
② 拆卸发动机舱盖。
③ 如图 2-17 所示，将曲轴转动到第 1 缸的上止点位置。
④ 拆卸正时同步带上护罩。如图 2-18 所示，将凸轮轴正时同步带轮的标记对准正时同步带护罩上的标记。
⑤ 松开半自动张紧轮，并从凸轮轴正时同步带轮上拆卸正时同步带。
⑥ 旋下正时同步带后护罩的螺栓。
⑦ 拆卸气门罩盖。按照图 3-1a 所示从 1~10 的顺序松开气缸盖螺栓。
⑧ 将气缸盖与气缸盖衬垫一起拆卸。

气缸盖的安装应注意以下事项：
① 在安装气缸盖之前，不可将曲轴转动到第 1 缸的上止点位置。
② 安装气缸盖衬垫时，有标号（配件号）的一面必须可见。
③ 更换气缸盖紧固螺栓，不能重复使用已经按照拧紧力矩拧紧过的螺栓。
④ 按图 3-1b 所示的顺序以 40N·m 的力矩拧紧气缸盖螺栓，然后用扳手再拧紧 180°。
⑤ 安装正时同步带（调整配气相位），安装气门罩盖。

2. 气缸盖的检修

发动机在使用中，气缸盖容易出现的损伤有气缸盖平面翘曲、燃烧室表面裂纹、冷却水道孔边缘及螺栓螺纹腐蚀、火花塞螺纹孔损坏等。

（1）气缸盖表面的清理　清除气缸盖上的积炭，可用金属刷子或刮刀进行清除，也可用电钻带动一立式圆柱形金属刷清洁。清除冷却水套的水垢、锈蚀一般采用化学法，最后用水清洗干净。

（2）气缸盖平面度的检查　将气缸盖翻过来，把刀口形直尺放到气缸盖下表面上，用塞尺测量刀口形直尺与平面间的间隙，塞入塞尺的最大厚度值就是气缸盖的平面度，如图3-8所示。气缸盖的平面度最大不得超过0.1mm，超过极限值时，可进行修磨。但修磨后气缸盖的高度，AFE发动机应不小于132.6mm，AJR型发动机应不小于133mm。否则，应更换新件。

检查气缸盖上所有螺栓、螺纹及螺母有无滑扣现象，若有，视情况进行修理或更换。

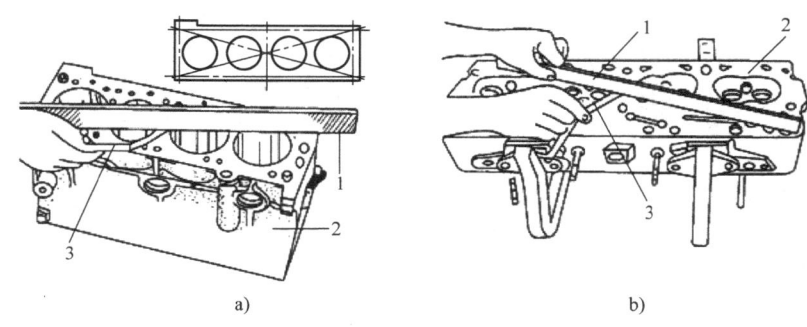

图3-8　检查气缸盖（体）表面平面度
a）检查气缸体上平面　b）检查气缸盖下平面
1—刀口形直尺　2—气缸盖　3—塞尺

3. 气缸体的拆装

桑塔纳2000轿车发动机的气缸体为四缸直列、水冷、无缸套、全支承（有五个主轴颈）、龙门式（曲轴轴线在气缸体下平面之上）结构，用合金铸铁铸造而成。气缸体上下平面、前后端面、两侧的安装平面都进行了加厚并增设加强肋。与AFE型发动机相比，AJR型发动机没有中间轴和分电器，水泵一半壳体铸在气缸体上，因此在气缸体结构上作了相应改进。

AFE型发动机、AJR型发动机气缸体总成分解图分别如图3-9、图3-10所示，两者的拆装方法基本相同，可按以下步骤进行。

（1）气缸体的拆卸

① 将气缸体反转倒置在工作台上。

② 从两端向中间对称、交叉分次拧松油底壳连接螺栓，取下油底壳及密封衬垫。待拆卸曲轴及活塞连杆组的缸体如图3-11所示。

③ 对于AFE型发动机，拆卸其中间轴密封凸缘，拆卸缸体前端中间轴密封凸缘中的油封，在分电器已拆卸下的情况下拆卸中间轴。装配时注意，中间轴最大轴向间隙为0.25mm。AJR型发动机已取消中间轴，故无须拆卸。

④ 拆卸正时同步带轮端曲轴油封。不解体更换该油封时，应使用大众公司专用维修工具油封取出器 2085。

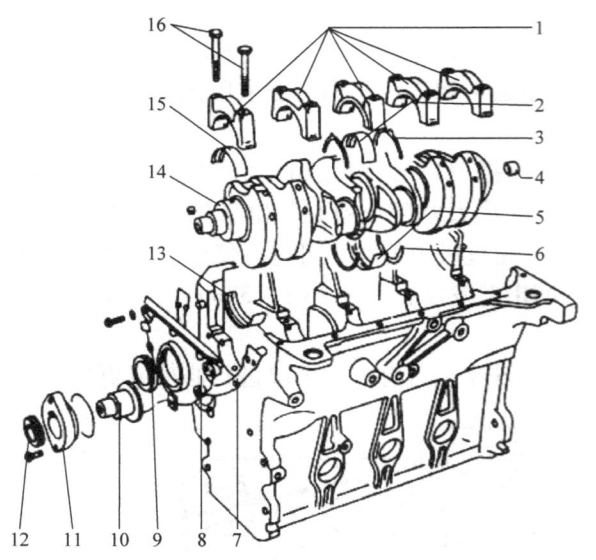 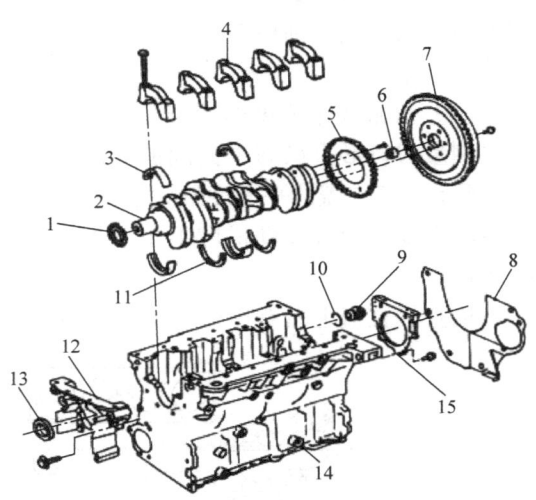

图 3-9　AFE 型发动机气缸体总成分解图
1—主轴承盖　2、5—3 号主轴承　3、6—半圆形止推环
4—滚针轴承　7—衬垫　8—前油封凸缘　9、12—油封
10—中间轴　11—密封凸缘
13、15—1、2、4 和 5 号主轴承　14—曲轴
16—曲轴主轴承盖螺栓（拧紧力矩 65N·m）

图 3-10　AJR 型发动机气缸体总成分解图
1—机油泵链轮　2—曲轴　3—曲轴瓦　4—轴承盖
5—脉冲轮　6—滚针轴承　7—飞轮　8—中间支板
9—螺塞　10—O 形圈　11—止推片　12—支架
13—前油封　14—气缸体　15—后油封架

⑤ 拆卸前油封凸缘及衬垫。
⑥ 依次拧松连杆大端轴承盖连接螺栓，取出连杆轴承盖。
⑦ 如图 3-12 所示，用铜棒或者锤子的木手柄轻轻敲击连杆大端，依次取出各缸活塞。

图 3-11　待拆卸曲轴及活塞连杆组的缸体　　图 3-12　轻敲连杆大端取出活塞

⑧ 如图 3-13 所示，分次从两边到中间拧松曲轴主轴承盖紧固螺栓，拆下曲轴各主轴承。图 3-14 所示为已拆卸曲轴主轴承盖的曲轴及缸体。

⑨ 取出曲轴，取下第 3 道主轴承处的止推垫片。

（2）气缸体的装配　气缸体的装配可按拆卸相反的顺序进行，但注意以下事项：

① 装配气缸体时应更换中间轴密封凸缘油封、曲轴前油封、凸缘衬垫。

② 安装曲轴前油封时，应在油封外圈和唇边上涂一层薄机油，在曲轴颈上套上专用工具 3083，通过装在导套上的压套将油封压到位。

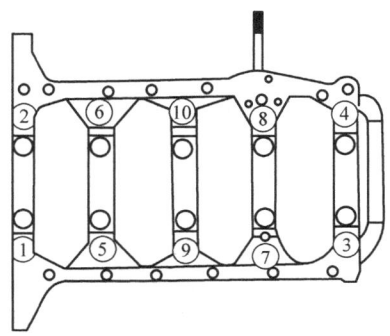
图 3-13　曲轴主轴承盖的拆卸顺序

图 3-14　已拆卸曲轴主轴承盖的曲轴及缸体

③ 中间轴密封凸缘紧固螺栓拧紧力矩为 25N·m。

④ 装配中间轴时，中间轴最大轴向间隙应为 0.25mm。

⑤ 主轴承盖紧固螺栓拧紧力矩为 65N·m，拧紧顺序与图 3-13 所标序号的顺序相反。

⑥ 如图 3-15 所示，曲轴 3 号主轴承为推力轴承，3 号轴瓦是具有推力功能的轴瓦，其两端有半圆形止推环，安装时注意定位，有开口的用于气缸体且开口必须朝轴承（轴瓦）。

⑦ 将有油槽的上轴瓦装入缸体，使上轴瓦的油槽与缸体上轴承座的油道口对正。如图 3-16 所示，1、2、4 和 5 号装在轴承盖中的轴瓦，只有 4 号有油槽；装在气缸体 1、2、4 和 5 号轴承座上的轴瓦均有油槽。3 号轴瓦轴承盖中半片无油槽，气缸体轴承座上半片轴瓦上有油槽。注意上、下轴承不能装反，用过的轴瓦不能互换。

图 3-15　止推环及轴瓦

图 3-16　有油槽和无油槽的轴瓦

⑧ 按与拆卸顺序相反的顺序拧紧油底壳连接螺栓，装上油底壳。

4. 气缸体的检修

发动机在使用中,气缸体容易出现的损伤有气缸体裂纹、气缸体上下平面翘曲变形、气缸的磨损、腐蚀及穴蚀损坏,气缸体上平面螺栓孔螺纹损坏等。

图3-17所示为气缸套的正常磨损,图3-18~图3-20分别为气缸套的拉伤、穴蚀、腐蚀。

(1) 气缸体裂纹的检验 气缸体裂纹常采用水压试验进行检验。将气缸盖及衬垫装在缸体上,并封闭所有水套口,然后用30~40kPa的水压检验气缸体是否渗漏。如裂纹不严重,可根据裂纹大小、程度采取粘结或焊接进行修复。如不能修复应更换气缸体。

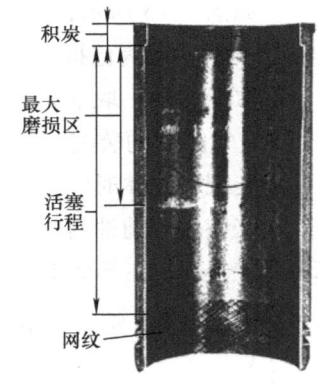

图3-17 气缸套的正常磨损

检查缸体裂纹也可用染色渗透剂法。将气缸体与气缸洗清后,把渗透剂喷在被检查部位,若渗透剂渗入内部,说明该部位存在裂纹。

图3-18 气缸套的拉伤

图3-19 气缸套的穴蚀

图3-20 气缸套的腐蚀

(2) 气缸体上平面变形的检验 气缸体和气缸盖平面的翘曲变形,多由于缸盖螺栓拆装顺序不对、力矩不符合标准、在高温时拆卸气缸盖或发动机长期过热等原因引起。螺孔周围也会受拉力作用造成局部凸起。

气缸体上平面的平面度可用刀口形直尺和塞尺进行测量,方法与气缸盖表面平面度的检查相同。如平面度超过0.10mm,可修磨修复。

(3) 气缸磨损的检验 测量气缸的磨损量是为了确定气缸磨损的圆度、圆柱度,并根据其磨损程度,确定发动机是否需要进行大修,以及确定气缸的修理尺寸。测量气缸通常使用量缸表(图3-21)配合外径千分尺进行。

用量缸表测量气缸圆度误差,如图3-22所示,在同一横向截面内,平行于曲轴轴线方向和垂直于曲轴轴线方向的两个方位进行测量,测得直径差的1/2即为该截面的圆度误差。如图3-23所示,沿气缸轴线方向在上、中、下三个截面进行横向(A向)和纵向(B向)垂直测量(上面相当于活塞上止点第1道活塞环相对应的气缸处,中间取气缸中部,下面取活塞下止点时最下一道活塞环对应的气缸位置),测得的最大圆度误差即为该气缸的圆度误差。

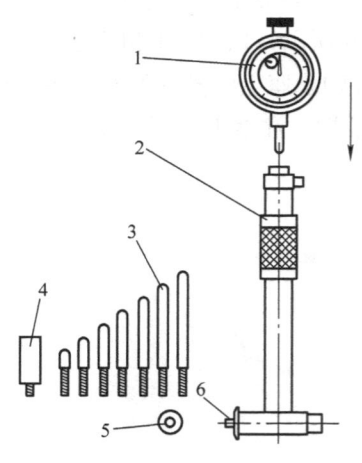

图3-21 量缸表

1—百分表 2—表杆
3—接杆 4—接杆座
5—锁紧螺母 6—活动量杆

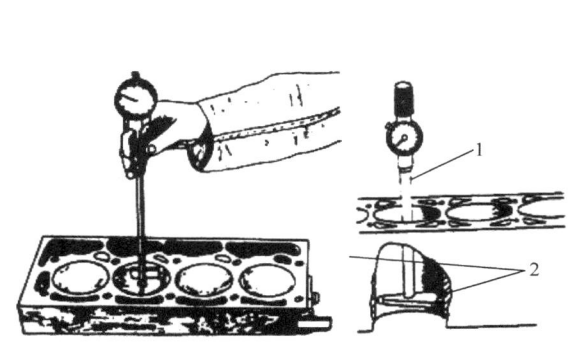
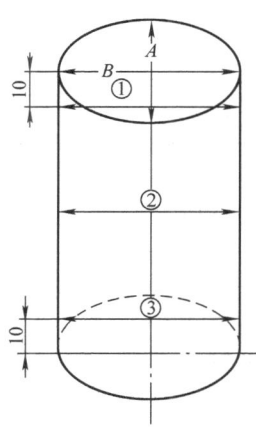

图 3-22 用量缸表检查缸径
1—量缸表　2—气缸

图 3-23 气缸的测量部位

测量气缸圆柱度误差通常用量缸表在活塞行程内取上、中、下三个截面测量（图 3-23），找出该缸磨损的最大处。气缸磨损最大直径与活塞在下止点时活塞环运动区域以外，即距气缸套下部平面 10mm 范围内的气缸最小内径差值的 1/2，就是该气缸的圆柱度误差。

AFE 型发动机活塞直径为 80.98mm、气缸直径为 81.01mm，AJR 型发动机活塞直径为 80.965mm、气缸直径为 81.01mm，使用 50～100mm 的量缸表。按规定，气缸圆度与圆柱度标准值为 0.02mm，使用极限值为 0.08mm。气缸与活塞的配合间隙应为 0.025～0.030mm，磨损极限为 0.11mm。

四、注意事项

（1）穿着合体的工作服。

（2）不得擅自动用与实验无关的其他设备。

（3）发动机运转时注意人身安全，手、衣服、工具等应远离传动带等旋转部件。

（4）在安放气缸盖时，曲轴不可置于上止点位置，否则气门和活塞顶部会损坏。

（5）测量气缸磨损时，量缸表应斜向放入气缸以防表头摩擦气缸壁或表杆碰撞气缸造成量具损坏。

（6）拆下的零部件做好标记并按顺序摆放，以防零部件漏装。

（7）所有螺栓必须按要求拧紧。

实训工单 3　机体组的拆装

班级：_____　组长：_____　组员：_____

发动机型号：_____

操作要点（需在□、空格等处进行正确的填写）
1. 气缸盖的拆卸 ① 拆卸气缸盖附件、进排气管总成等□。 ② 拆卸气门罩盖，按一定顺序松开气缸盖紧固螺栓（将拧松顺序简图填入右侧方框中）□。 ③ 拆卸正时同步带，拆卸下凸轮轴□。 ④ 将气缸盖与气缸盖衬垫一起拆卸□。 2. 气缸体的拆卸 ① 从两端向中间对称、交叉分次拧松油底壳连接螺栓，取下油底壳及密封衬垫□。 ② 按一定顺序分次逐渐拧松曲轴主轴承盖紧固螺栓，拆下曲轴各主轴承□（将拧松顺序简图填入右侧方框中）□。 ③ 取出曲轴，取下第 3 道主轴承处的止推垫片□。 3. 气缸体的安装 ① 安装曲轴前油封时，在油封外圈和唇边上涂一层薄机油□。 ② 曲轴 3 号主轴承为推力轴承，两端有半圆形的_____，安装时有开口的用于缸体且开口必须朝向_____□。 ③ 将有油槽的上轴瓦装入缸体，使轴承上_____与缸体轴承座上的_____对正。装在缸体（轴承座、轴承盖）上的轴瓦均有油槽，装在_____（轴承座、轴承盖）中的轴瓦只有 4 号有油槽□。 ④ 主轴承盖紧固螺栓拧紧力矩为_____N·m，拧紧顺序与拆卸顺序_____（相同、相反）□。 ⑤ 按与拆卸顺序_____（相同、相反）的顺序拧紧油底壳连接螺栓，装上油底壳□。 4. 气缸盖的安装 ① 在安装气缸盖之前，曲轴_____（可、不可）置于上止点位置，否则气门和活塞顶部会损坏□。 ② 安装气缸盖衬垫时，应将标有标号或"OBEN TOP"字样的一面朝向_____□。 ③ 按与拆卸顺序_____（相同、相反）的顺序拧紧气缸盖螺栓，拧紧力矩为_____□。

考核评分表 3　机体组的拆装

班级：_____　组长：_____　组员：_____

考核时间：30min

项目	配分	评分标准	扣分	得分
工量具使用	15	工量具选择不当、使用错误，每次扣 1~2 分，扣分不超过 8 分		
		造成工量具损坏，扣 3~7 分		
拆装过程	65	没按顺序、次数要求拧松气缸盖紧固螺栓，扣 5~7 分		
		没按顺序、次数要求拧松油底壳连接螺栓，扣 3 分		
		没按顺序、次数要求拧松曲轴主轴承盖紧固螺栓，扣 5~7 分		
		没有取下第 3 道主轴承处的止推垫片，扣 5 分		
		没有正确安装轴瓦、止推垫片，扣 5~7 分		
		没按顺序、次数及规定力矩要求拧紧主轴承盖紧固螺栓，扣 5~8 分		
		没按顺序、次数要求拧紧油底壳连接螺栓，扣 3 分		
		在安装气缸盖之前，没有检查曲轴是否置于上止点位置，扣 4 分		
		没注意气缸垫的上下方向，致使气缸垫装反，扣 3 分		
		没按顺序、次数和规定力矩要求拧紧气缸盖螺栓，扣 5~8 分		
		拆下的零部件没做标记、不按顺序摆放，扣 3~5 分		
		有零部件漏装，扣 5 分		
工单填写	15	填写不完整或错误，每处扣 2~3 分，扣分不超过 15 分		
整理清场	5	没有整理工具、清理现场，扣 2~5 分		
		小计		
成绩评定				

考核教师签名：

实训工单 4 机体组的检修

班级：_____ 组长：_____ 组员：_____

发动机型号：_____

标准缸径：_____						
气缸体平面度检测		位置号	测量点 1	测量点 2	测量点 3	平面度
		纵向 1				
		纵向 2				
		横向 1				
		横向 2				
		对角线 1				
		对角线 2				
气缸磨损检测	缸号	位置号	直径 1（纵向）	直径 2（横向）	圆度	圆柱度	最大磨损量
	1	位置 1（上部）					
		位置 2（中部）					
		位置 3（下部）					
	2	位置 1（上部）					
		位置 2（中部）					
		位置 3（下部）					
	3	位置 1（上部）					
		位置 2（中部）					
		位置 3（下部）					
	4	位置 1（上部）					
		位置 2（中部）					
		位置 3（下部）					
结论							

备注：气缸体平面度测量值如果由于小于 0.02mm 而测不出来，表内值可以填写小于 0.02mm。

考核评分表 4　机体组的检修

班级：_____　组长：_____　组员：_____
考核时间：30min

项目	配分	评 分 标 准	扣分	得分
检修过程	75	未清理量具、气缸盖、气缸体表面，扣 4 分		
		气缸盖、气缸体平面度的检查部位不正确，每次扣 2 分，扣分不超过 6 分		
		未对游标卡尺进行校验或校对错误，扣 3 分		
		未对外径千分尺进行校验或校对错误，扣 3 分		
		未对百分表进行校验或校对错误，扣 3 分		
		未能选择合适的接杆，扣 5 分		
		未预留量缸表接杆 1~2mm 的测量余量，扣 10 分		
		未拧紧量缸表活动量杆锁紧螺母，扣 3 分		
		百分表表盘未校至零位，扣 5 分		
		未拧紧百分表表盘固定螺母，扣 3 分		
		测量时手握量缸表百分表处或测杆下端，扣 2~5 分		
		量缸表未斜向放入气缸且表头摩擦气缸壁或量缸表杆碰撞气缸，扣 2~5 分		
		测量部位或测量方向不正确，每次扣 2 分，扣分不超过 10 分		
		测量数据不正确，每处扣 2 分，扣分不超过 10 分		
工单填写	20	圆度、圆柱度计算错误，每次扣 2 分，扣分不超过 10 分		
		填写不完整，每处扣 1~2 分，扣分不超过 5 分		
		结论不正确，扣 5 分		
整理清场	5	没有整理工具、清理现场，扣 2~5 分		
		小计		
成绩评定				

考核教师签名：

项目4　活塞连杆组的拆装与检修

一、实训目标
（1）掌握活塞连杆组的结构组成、工作原理及主要零部件的装配关系。
（2）掌握活塞连杆组的拆装步骤、技术要求及检修方法。

二、实训设备与工具
（1）带拆装翻转架且可正常运行的桑塔纳2000 AJR（或AFE）型发动机。
（2）汽车维修常用拆装工具与大众轿车专用拆装工具。
（3）塞尺、千分尺、百分表、磁性表座、塑料间隙测量片、三点规式连杆检验器（或百分表式连杆检验仪）等。
（4）零部件存放台。

三、实训内容与步骤

活塞连杆组将活塞的往复运动转变为曲轴的旋转运动，同时将作用于活塞上的力转变为曲轴对外输出的转矩，以驱动汽车车轮转动。作为发动机传递动力的重要组合部件，活塞连杆组在工作中承受燃烧气体高温、高压作用，并作高速及变速运动。其维修质量和技术状况的好坏，不仅对其本身的使用寿命有影响，对整个发动机工作的影响还特别明显。所以，活塞连杆组的检修是一项重要的维修项目。

1. 活塞连杆组的拆装

（1）AFE型发动机　活塞连杆组的拆装可按图4-1所示进行，但应注意以下几点：

① 对活塞做标记时，应从发动机前端向后打上气缸号，并打上指向发动机前端的箭头，如图4-2所示。

② 拆卸连杆和连杆轴承盖时，应打上所属气缸号。安装连杆时，浇铸的标记（图4-3）要对正且朝向V带轮方向（即发动机前方）。

③ 连杆螺母为M8×1，拧紧连杆螺母时，应在接触面涂机油，用30N·m的力矩拧紧，接着再转动180°。

④ 拆装活塞环时应使用专用工具，如图4-4所示。安装活塞环时，应使活塞环开口相互错开120°，有"TOP"标记的一面朝向活塞顶部。

⑤ 如图4-5所示，拆装活塞销卡簧时需用专用工具。

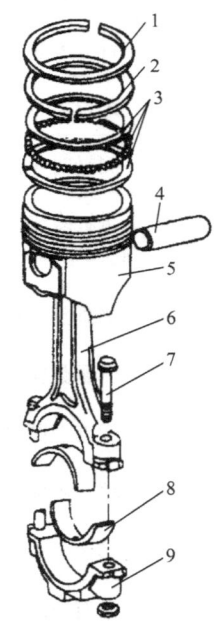

图4-1　AFE型发动机活塞连杆组的分解
1—第1道气环　2—第2道气环
3—组合油环　4—活塞销
5—活塞　6—连杆　7—连杆螺栓
8—连杆轴承　9—连杆轴承盖

⑥ 装活塞销时,应将活塞加热至60℃,用拇指仅需较小的力就能将涂有机油的活塞销压入活塞销座孔中。而且在垂直状态时,活塞销不能在自重作用下从销座孔中自行滑出,用手晃动活塞销时应无间隙感。

图4-2 活塞顶部的箭头

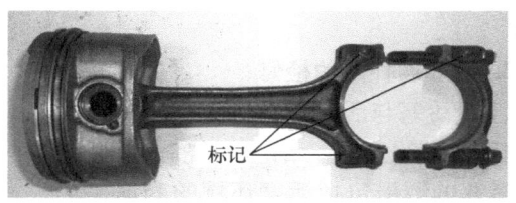

图4-3 浇铸的标记

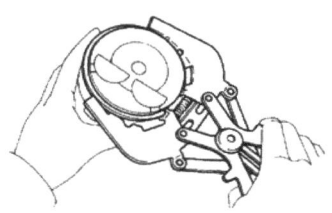

图4-4 活塞环的拆装

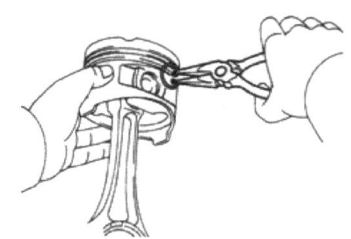

图4-5 活塞销的拆装

⑦ 将活塞装回气缸体时,应使用活塞环压缩器(图4-6)压下活塞环,再用铜棒或锤子的木手柄将活塞轻轻敲入气缸,如图4-7所示。

(2) AJR型发动机 活塞连杆组的拆装可按图4-8所示进行,拆装时有如下注意事项:

图4-6 活塞环压缩器

图4-7 将活塞轻轻敲入气缸

① 安装活塞时,应注意活塞的标记位置和所配对的气缸,活塞顶部的箭头必须朝向发动机前方。

② 使用活塞环钳进行拆卸和安装活塞环。安装活塞环时,其开口应错开120°。活塞环上"TOP"标记必须朝向活塞顶部。

③ 活塞销应使用专用工具VW222a进行拆装,如果安装困难,可将活塞加热到60℃。

④ 连杆螺栓和螺母在拆卸后应更换,安装时先润滑螺纹和接触表面。在测量连杆径向

间隙时,螺栓拧紧力矩为30N·m,不要再加90°。

⑤ 安装连杆轴承盖时应注意安装位置,浇铸的标记要对正且朝向V带轮方向(即发动机前方)。安装时不要使用密封剂。

2. 活塞连杆组的检修

（1）活塞与活塞环的检修 活塞的损坏包括活塞的磨损、刮伤、烧伤和脱顶等。活塞的磨损包括活塞环槽的磨损、活塞裙部的磨损、活塞销与销座孔的磨损。活塞最大的磨损部位是活塞环槽的磨损,并且以第1道活塞环槽的磨损最为严重,2、3、4道环槽的磨损程度则依次减轻。随着发动机工作时间的延长,活塞裙部的磨损使活塞裙部与气缸壁间隙过大时,则会产生活塞敲缸和润滑油过量燃烧等。活塞销与销座孔的磨损会使活塞销与座孔配合松旷,产生异响。若活塞销与销座孔的配合间隙不当,将会加速座孔的磨损。图4-9～图4-14所示为活塞的各种常见损伤。

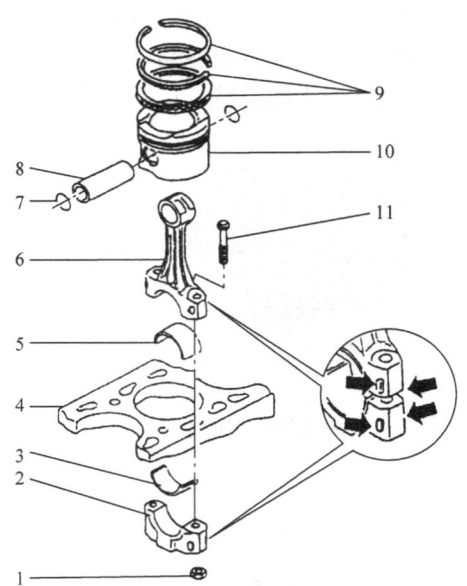

图4-8 AJR型发动机活塞连杆组的分解

1—连杆螺母（拧紧力矩 30N·m+90°）
2—连杆轴承盖 3—连杆下半轴承 4—气缸体
5—连杆上半轴承 6—连杆 7—夹箍
8—活塞销 9—活塞环 10—活塞 11—连杆螺栓

活塞环是气缸的主要密封件,因此,要求活塞环的径向弹力要适度。发动机工作时,活塞环经常处于高温、高压的作用和润滑条件差的环境中,其磨损加剧。活塞环的弹力逐渐减弱,端隙和侧隙逐渐增大,气缸的密封性变差,随之出现窜油、漏气现象,使发动机动力性下降,经济性变差。经验证明,活塞环的磨损、失效,要比气缸达到磨损极限快。活塞环除了一般磨损损坏外,还有断裂、崩落等损坏,图4-15～图4-17所示为活塞环的各种常见损伤。

活塞与活塞环的检修包括检查活塞环侧隙、活塞环端隙（开口间隙）和活塞直径。

   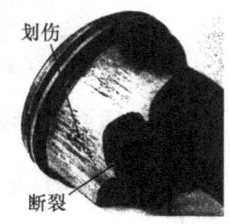

图4-9 活塞顶部烧穿　　图4-10 活塞头部烧伤　　图4-11 活塞刮伤与断裂

图 4-12 活塞裙部刮伤

图 4-13 活塞裙部断裂

图 4-14 活塞裙部穿孔

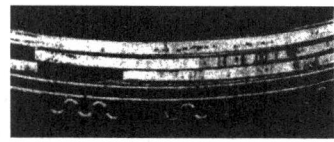
图 4-15 活塞环拉伤

图 4-16 活塞环折断

图 4-17 活塞环粘结

① 检查活塞环侧隙。活塞环侧隙是指活塞环与环槽的间隙，在检查活塞环侧隙之前应清洁环槽，用塞尺检查，如图 4-18 所示。AFE 型发动机新活塞环侧隙应为 0.02~0.05mm，磨损极限值为 0.15mm。AJR 型发动机活塞环侧隙标准值见表 4-1。

表 4-1 活塞环端隙和侧隙标准值 （单位：mm）

间隙	活塞环名称	新活塞环	磨损极限值
端隙	第 1 道气环	0.20~0.40	0.80
	第 2 道气环	0.20~0.40	0.80
	油环	0.25~0.45	0.80
侧隙	第 1 道气环	0.06~0.09	0.20
	第 2 道气环	0.06~0.09	0.20
	油环	0.03~0.06	0.15

② 检查活塞环端隙。活塞环端隙是指将活塞压入气缸后活塞开口的间隙。测量时，将活塞环垂直压入气缸距气缸边缘约 15mm 处，用塞尺检查活塞环端隙，如图 4-19 所示。AFE 型发动机安装新环时，第 1 道气环开口间隙应为 0.30~0.45mm，第 2 道气环开口间隙应为 0.25~0.40mm，油环开口间隙应为 0.25~0.50mm，活塞环开口间隙磨损极限值为 1.00mm。AJR 型发动机活塞环端隙标准见表 4-1。

③ 检查活塞直径。如图 4-20 所示，用千分尺在距活塞裙部下边缘约 10mm 处与活塞销垂直方向测量活塞直径。活塞直径测量值与标准尺寸（AFE 型发动机为 80.98mm、AJR 型发动机为 80.965mm）的最大偏差量不超过 0.04mm。

④ 活塞环漏光的检验。活塞环漏光检验的目的是查看活塞环与气缸壁的贴合情况，漏光度过大，活塞环局部接触面积小，易造成漏气和机油上窜。选配活塞环时，必须进行漏光检查。检查时，将活塞环平放在气缸内，用轻质盖板将活塞环的内圈盖住（盖板外圆不得与气缸壁接触），在活塞环的下面放置一个光源，如图 4-21 所示。由上方观察活塞环的漏

光程度，最大漏光缝隙一般不得超过 0.03mm，每处漏光弧长所对应的圆心角不得大于 25°，同一活塞环漏光弧长的圆心角总和不超过 45°，在环端开口处左右 30°范围内不允许有漏光现象。

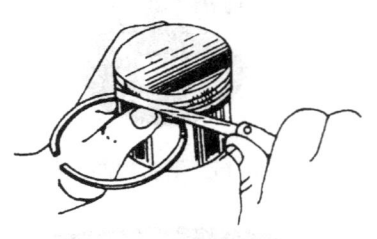 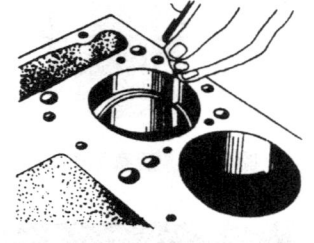 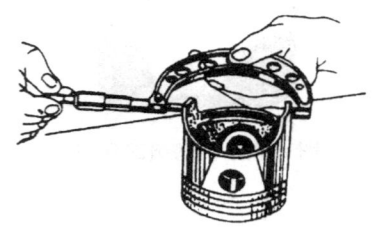

图 4-18　检查活塞环侧隙　　　图 4-19　检查活塞环端隙　　　图 4-20　检查活塞直径

⑤ 活塞环的弹力检验。活塞环与气缸内壁应有一定的压力，使环的周围均匀地压在气缸壁上。弹力过大，增加摩擦损耗；弹力过小，不能起到良好的密封作用，引起气缸的漏气、窜油。

活塞环的弹力检验如图 4-22 所示。检验时，将活塞环放在弹力检验器上，把活塞环的开口间隙放置在水平位置，移动检查器上的量块，当把活塞环开口间隙压缩至标准数值时，弹力应符合各机型的规定要求。

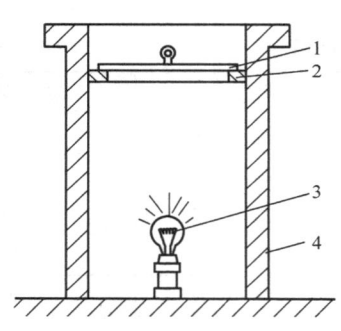 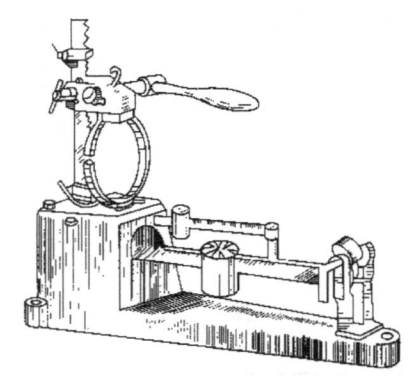

图 4-21　活塞环漏光检查　　　　　图 4-22　活塞环的弹力检验
1—盖板　2—活塞环
3—光源　4—缸套

（2）连杆的检修　由于连杆受复杂的交变载荷作用，经常出现连杆大端孔和小端孔变形失圆、锥形，杆身弯曲、扭曲变形和双重弯曲，连杆大端轴承及小端衬套磨损，以及连杆裂纹、连杆螺栓损坏等现象，对发动机的工作造成严重影响。图 4-23 所示为一杆身弯曲、扭曲变形的连杆。连杆发生弯曲变形以后，将使活塞在气缸中歪斜，造成活塞与气缸、连杆轴承与连杆轴径的偏磨。因此，在发动机的修理中，应对连杆进行严格的检验和修理。

连杆的检修内容包括检查连杆轴向间隙、检查连杆径向间隙、检查连杆的弯曲量和扭曲量等。

① 检查轴向间隙。连杆的轴向间隙检查如图 4-24 所示。AFE 型发动机连杆轴向间隙磨损极限值为 0.37mm，AJR 型发动机连杆轴向间隙为 0.10 ~ 0.35mm，磨损极限值为 0.40mm。

图 4-23 杆身弯曲、扭曲变形的连杆

图 4-24 检查连杆轴向间隙

② 检查径向间隙。可用塑料间隙测量片检查连杆径向间隙，塑料间隙测量片是一种用合成树脂制成的细丝状塑料薄片（图 4-25），其测量范围见表 4-2。检查时，拆下连杆轴承盖，清洁连杆轴承和轴颈。将塑料间隙测量片沿着轴向置于轴颈和轴承上，如图 4-26 所示。装上连杆轴承盖，并用 30N·m 的力矩紧固螺栓，不要转动曲轴。拆下连杆轴承盖，测量压扁后塑料间隙测量片的厚度，与规定值相比较。AFE 型发动机连杆径向间隙应为 0.024～0.048mm，磨损极限值为 0.12mm。AJR 型发动机连杆径向间隙应为 0.01～0.05mm，磨损极限值为 0.12mm。

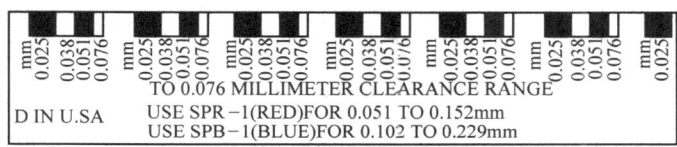

图 4-25 塑料间隙测量片刻度

图 4-26 检查连杆径向间隙

径向间隙在装配完毕的发动机上进行检查。螺栓允许重复使用一次，但须在螺栓头上打标记，有此标记的螺栓下次必须更换。安装轴承盖时，在轴承盖螺母接触面涂机油，并用 30N·m 的力矩紧固，接着再转动 180°。

表 4-2 塑料间隙测量片的测量范围

测量范围（mm）	色别	型号
0.025～0.076	绿	PG-1
0.050～0.150	红	PR-1
0.100～0.230	蓝	PB-1

③ 检查连杆的弯曲度和扭曲度。连杆的弯曲是连杆大端孔与小端孔轴心线不平行造成

的，当两者平行度误差每 100mm 大于 0.04mm 时，称为连杆弯曲。连杆扭曲是指连杆大端孔与小端孔轴心线不在向一平面内，有交叉。当其平行度误差每 100mm 大于 0.06mm 时，称为连杆的扭曲。连杆的弯曲和扭曲变形是弯、扭并存的，主要是由于发动机超负荷运转和爆燃所造成的。弯曲、扭曲变形后将给发动机的正常运转带来不良的影响，即使是很微小的弯曲、扭曲变形，也会破坏连杆大端轴承和小端衬套的正常配合，运转中使活塞和气缸内壁产生严重的偏磨和相互位置的偏移，还会损坏轴承，产生烧瓦和咬缸事故。

如图 4-27 所示，连杆弯曲量和扭曲量的检查应在连杆检验器上进行。检验器的测量工具是一个带有 V 形块的三点规。三点规上的三个点构成的平面与 V 形块垂直，下面两点间的距离为 100mm，上测点与下测点连线的垂直距离也是 100mm。

检查前，先进行连杆的安装。步骤如下：把标准检验棒（或活塞销）装入连杆小端。将连杆大端的轴承盖装好，按规定力矩将连杆螺栓拧紧，将连杆大端装在检验器的支承轴上，拧动支承轴上的调整螺柱，使支承轴向外扩张，将连杆固定在检验器上。

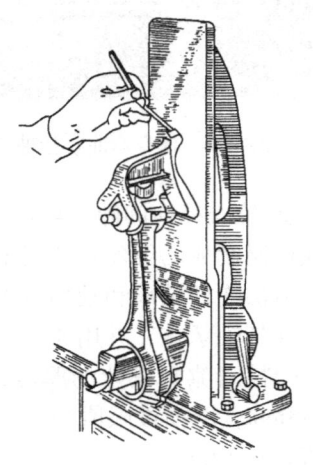

图 4-27 三点规式连杆检验器

如图 4-28 所示，测量连杆的弯曲度。如图 4-29 所示，测量连杆的扭曲度。

如果三点规的三个测点均与检验器的平板接触，表明连杆无弯曲和扭曲。如果上测点与平板接触，下面两测点与平板不接触，且与平板的间隙相等；或下面的两点与平板接触，而上测点与平板不接触，则表明连杆弯曲。此时，用塞尺测得的测点与平板之间的间隙即为连杆在 100mm 长度上的弯曲度，如图 4-28 所示。

如果只有一个下测点与平板接触，另一下测点与平板不接触，且上测点与平板的间隙等于另一个下测点与平板间隙的 1/2，此时下测点与平板的间隙，即为连杆在 100mm 长度上的扭曲度数值，如图 4-29 所示。

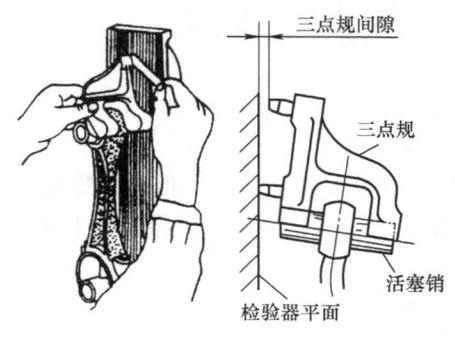

图 4-28 检测连杆弯曲度

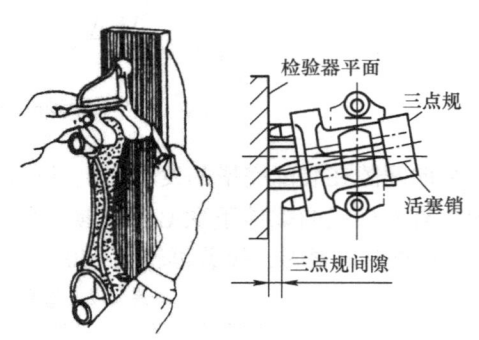

图 4-29 检测连杆扭曲度

连杆通常同时存在弯曲和扭曲变形。在测量中表现为一个下测点与平板接触，但上测点与平板的间隙不等于另一个下测点与平板间隙的 1/2，此时下测点与平板的间隙为连杆在 100mm 长度上的扭曲度数值；上测点与平板的间隙和下测点与平板间隙的 1/2 的差值即为连杆在 100mm 长度上的弯曲度数值。

连杆双重弯曲的检验如图 4-30 所示。将连杆大端端面与平板靠近,测出连杆小端端面与平板的距离 a;再将连杆翻转 $180°$,用同样方法测出距离 b,若两次测出的数据不等,说明连杆有双重弯曲,两次测得的数值之差 $(a-b)$,即为双重弯曲值。

也可用百分表式连杆检验仪进行连杆弯曲、扭曲的检验,如图 4-31 所示,操作步骤如下:先将连杆盖安装到连杆杆身上,按规定力矩拧紧连杆螺栓。将专用检验棒装入已拆除衬套的连杆小端孔中(无专用检验棒时可用活塞销代替,但必须预先修配和安装好连杆衬套)。将连杆大端套装到检验仪的可张检验棒上并张紧,用支承块支住连杆小端。将百分表装于表架上,使其测杆与检验棒接触(尽量保持垂直)并有 1mm 左右的预压量。转动百分表表盘使其指针对于零位。前

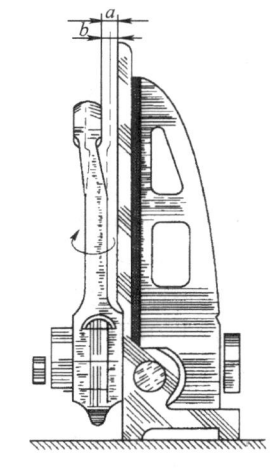

图 4-30 连杆双重弯曲的检验

后推拉推拉手柄使百分表沿检验棒轴向移动,测出连杆的弯曲、扭曲变形量。百分表 A 反映连杆的扭曲变形,百分表 B 反映连杆的弯曲变形。

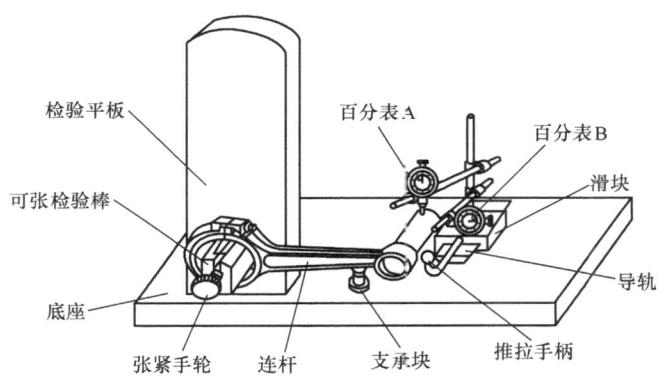

图 4-31 用百分表式连杆检验仪检验连杆变形

注意:无论是 AFE 型发动机还是 AJR 型发动机,在 100mm 长度上连杆的弯曲变形量都不得大于 0.05mm,连杆扭曲量不得大于 0.15mm,否则应进行校正。

④ 连杆衬套与连杆小头应有 0.06~0.10mm 的过盈量。发动机在大修时,在更换活塞、活塞销的同时,必须更换连杆衬套,以恢复其正常配合。

四、注意事项

(1) 穿着合体的工作服。
(2) 不得擅自动用与实验无关的其他设备。
(3) 发动机运转时注意人身安全,手、衣服、工具等应远离传动带等旋转部件。
(4) 拆下的零部件做好标记并按顺序摆放,以防零部件漏装。
(5) 所有螺栓必须按要求拧紧。

实训工单 5　活塞连杆组的拆装与检修

班级：_____　组长：_____　组员：_____

发动机型号：_____

操作要点（需在□、空格等处进行正确的填写）

1. 活塞连杆组的拆装

① 对活塞做标记时，应从发动机前端向后打上_____，活塞顶部的箭头必须朝向_____□。

② 拆卸连杆和连杆轴承盖时，应打上_____□。

③ 活塞销应使用专用工具进行拆装，如果安装困难，可将活塞加热到_____℃□。

④ 安装活塞环时，应使活塞环开口相互错开_____°，活塞环上有"TOP"标记的一面朝向_____□。

⑤ 安装连杆轴承盖时，浇铸的标记要_____且朝向_____□。

⑥ 安装连杆螺栓和螺母时先_____螺纹和接触表面。AJR 型发动机螺栓拧紧力矩为_____ N·m。AFE 型发动机用_____ N·m 力矩拧紧，接着再转动_____□。

2. 活塞连杆组的检修

项目		缸序	1	2	3	4
活塞与活塞环的检修	端隙	第1道气环				
	侧隙					
	端隙	第2道气环				
	侧隙					
	端隙	油环				
	侧隙					
	活塞直径						
连杆的检修	三点规与基准平面的距离	前端	上点				
			下左点				
			下右点				
		后端	上点				
			下左点				
			下右点				
	弯曲值						
	扭曲值						
	百分表读数	连杆垂直放置时（弯曲值）					
		连杆水平放置时（扭曲值）					
	连杆轴向间隙						
	连杆径向间隙						
结论							

考核评分表 5 活塞连杆组的拆装与检修

班级：_____ 组长：_____ 组员：_____

考核时间：60min

项目	配分	评分标准	扣分	得分
工量具使用	15	工量具选择不当、使用错误，每次扣 1~2 分，扣分不超过 8 分		
		造成工量具损坏，扣 3~7 分		
拆装与检修过程	65	没有从发动机前端向后打上气缸号，扣 2~3 分		
		活塞顶部的箭头没有朝向发动机前方，扣 3~5 分		
		拆卸连杆和连杆轴承盖时，没有打上所属气缸号，扣 2~3 分		
		安装活塞环时，没有使活塞环开口相互错开 120°，扣 3~4 分		
		活塞环上有"TOP"标记的一面没有朝向活塞顶部，扣 3~5 分		
		安装连杆轴承盖时，浇铸的标记没有对正，扣 3~5 分		
		安装连杆轴承盖时，没有朝向发动机前方，扣 3~5 分		
		没按规定力矩拧紧连杆螺母，扣 3~5 分		
		拆下的零部件没做标记、不按顺序摆放，扣 3~5 分		
		有零部件漏装，扣 5 分		
		未对百分表等量具进行校验或校对错误，每次扣 1~2 分，扣分不超过 3 分		
		活塞环侧隙检测方法不当或结果错误，扣 2~3 分		
		活塞环端隙检测方法不当或结果错误，扣 2~3 分		
		活塞直径检测方法不当或结果错误，扣 1~2 分		
		使用三点规式连杆检验器（或百分表式连杆检验仪）检查连杆的弯曲度、扭曲度方法不当或结果错误，扣 3~5 分		
		检查连杆径向间隙方法不当或结果错误，扣 1~2 分		
		检查连杆轴向间隙方法不当或结果错误，扣 1~2 分		
工单填写	15	填写不完整，每处扣 1~2 分，扣分不超过 10 分		
		结论不正确，扣 5 分		
整理清场	5	没有整理工具、清理现场，扣 2~5 分		
小计				
成绩评定				考核教师签名：

项目 5　曲轴飞轮组的拆装与检修

一、实训目标
（1）掌握曲轴飞轮组的结构组成、工作原理及主要零部件的装配关系。
（2）掌握曲轴飞轮组的拆装步骤、技术要求及检修方法。

二、实训设备与工具
（1）带拆装翻转架且可正常运行的桑塔纳 2000 AJR（或 AFE）型发动机。
（2）汽车维修常用拆装工具与大众轿车专用拆装工具。
（3）塞尺、千分尺、百分表、磁性表座、检验平台等。
（4）零部件存放台。

三、实训内容与步骤

曲轴飞轮组主要由曲轴和飞轮以及其他零件和附件组成，是发动机的主要组成部分。发动机工作中，曲轴受到旋转质量的离心力、周期性变化的气体压力和往复惯性力的共同作用，使曲轴承受弯曲和扭转载荷，除轴颈（主轴颈和连杆轴颈）磨损、表面拉伤、烧蚀外，还会出现曲轴弯曲或扭曲变形、产生裂纹甚至折断等损伤。飞轮上的齿圈易产生磨损或裂损剥落，飞轮工作面常受离合器从动部分摩擦衬片的接合和分离作用，易磨损起槽、烧灼结硬，使摩擦衬片的接合能力下降。

1. 曲轴飞轮组的拆装

（1）AFE 型发动机　AFE 型发动机曲轴飞轮组的拆装可参见图 5-1，具体操作过程中应注意以下问题：

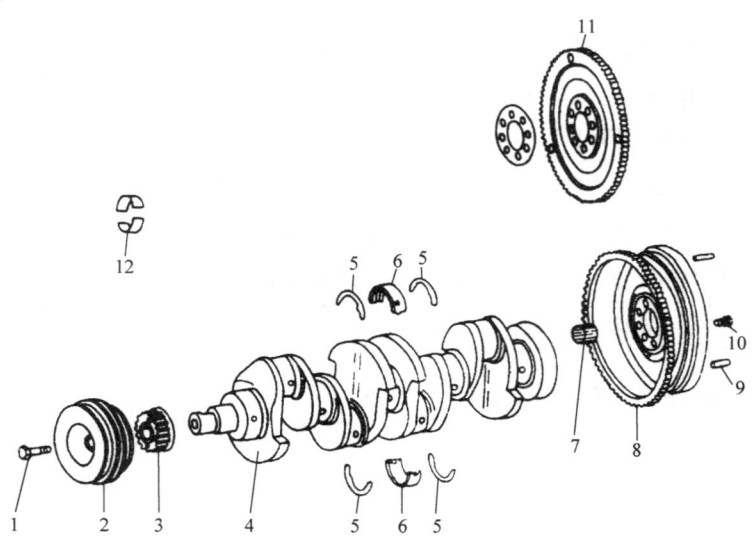

图 5-1　曲轴飞轮组分解图

1—曲轴 V 带轮、正时同步带轮的轴向紧固螺栓　2—V 带轮　3—曲轴正时同步带轮　4—曲轴　5—半圆形止推环
6—主轴承　7—滚针轴承　8—飞轮齿圈　9—定位销　10—飞轮紧固螺栓　11—飞轮　12—连杆轴承

① 飞轮拆卸时，使用专用工具 10-201 卡住飞轮齿圈，拧下飞轮紧固螺栓，从曲轴上拆下飞轮，如图 5-2 所示。

② 拆卸飞轮内孔中滚针轴承时，使用专用工具 10-202。轴承标记必须打印在朝外一面。安装滚针轴承时，滚针轴承有字的一面向外，安装好后应清晰可见。安装时使用专用工具 VW207C。安装好后，滚针轴承外端面与飞轮安装孔外端面的距离为 1.5mm。

③ 用专用工具 VW10-203 安装中间轴密封圈，如图 5-3 所示。

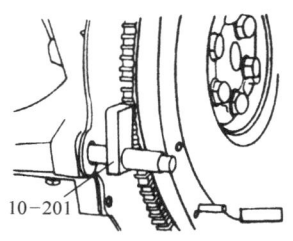

图 5-2 拆卸与安装飞轮

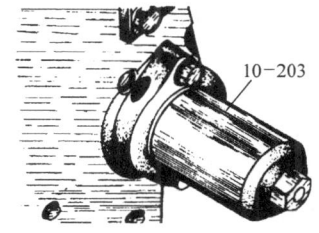

图 5-3 安装中间轴密封圈

④ 飞轮与曲轴凸缘有 6 个不对称布置的紧固螺栓，紧固力矩为 75N·m。安装飞轮时，螺栓上应涂 D6 防松胶。

⑤ 曲轴后端飞轮与附属装置的拆卸顺序如图 5-4 所示。

⑥ 拆卸曲轴后油封时，用专用工具 VW10-221 拆下曲轴后油封，如图 5-5 所示。安装油封时，在其外圈和唇边涂一层薄油，使用专用工具 VW2003/2A 装上油封，并用专用工具 VW2003/1 将油封压到底。

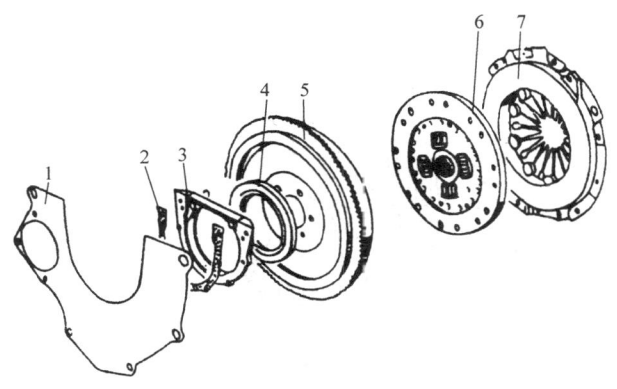

图 5-4 飞轮与后端附属装置

1—中间支板　2—油封衬垫　3—后油封凸缘　4—后油封
5—飞轮　6—离合器从动盘　7—离合器压盘

⑦ 拆卸曲轴前油封时，将油封取出器 VW2085 内件（图 5-6 箭头 A 所示）从外件中旋出 2 圈（约 2mm），并用滚花螺钉（图 5-6 箭头 B 所示）锁紧。旋出气缸螺栓 3083，将油封取出器 VW2085 旋进曲轴，拆出油封。

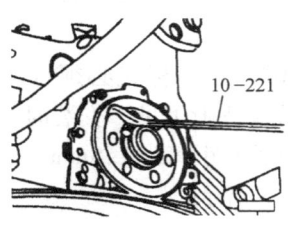

图 5-5 拆卸曲轴后油封

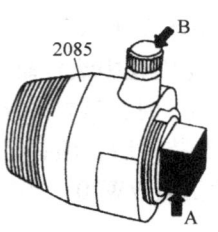

图 5-6 油封取出器
A—内件 B—滚花螺钉

（2）AJR 型发动机 曲轴飞轮组的拆卸与安装可参照图 5-7 所示进行。具体操作过程应注意以下问题：

① 拆装飞轮时，应使用专用工具 10-201A 固定飞轮以旋松和拧紧飞轮固定螺栓，如图 5-8 所示。

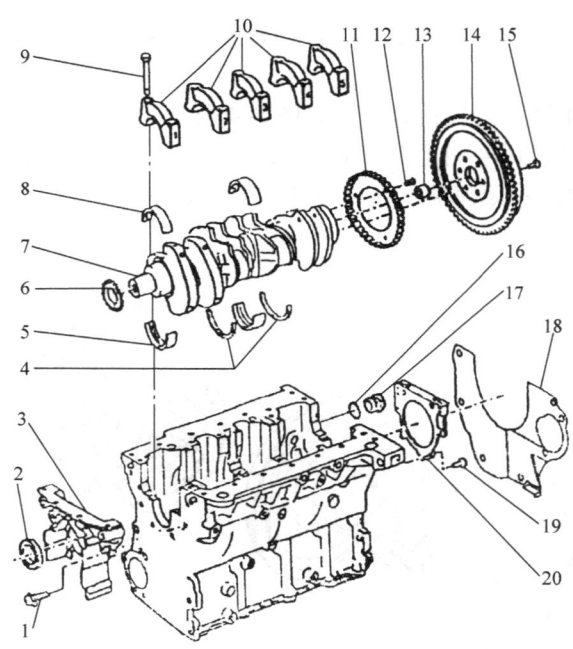

图 5-7 曲轴及其附件分解图
1—前密封凸缘螺栓（拧紧力矩 16N·m） 2—密封圈 3—前密封凸缘 4—止推环
5、8—主轴承 6—链轮 7—曲轴 9—主轴承盖螺栓（拧紧力矩 65N·m+90°）
10—轴承盖 11—脉冲传感器轮 12—脉冲传感器轮螺栓（拧紧力矩 10N·m+1/4 圈） 13—滚针轴承
14—飞轮 15—飞轮紧固螺栓（拧紧力矩 60N·m+90°） 16—密封圈 17—螺塞（拧紧力矩 100N·m）
18—中间支板 19—后密封凸缘螺栓（拧紧力矩 16N·m） 20—曲轴后密封凸缘

② 安装飞轮时，飞轮与曲轴的固定螺栓拧紧力矩为 60N·m（90°）。

③ 拆卸曲轴滚针轴承时，使用专用拉具，如图 5-9 所示。安装时，用检验棒 207C 或

3176 将轴承压入，如图 5-10 所示。滚针轴承的安装深度 $a = 1.5$mm。

④ 如图 5-11 所示，拆装曲轴机油泵链轮时，用垫圈 1 保护曲轴末端，使用顶拔器 2 拉出曲轴链轮。安装时，先将链轮加热至 220℃，再使用钳子将链轮定位在曲轴末端上，然后用专用工具 30 - 100 将链轮尽可能深地压入到曲轴上。

2. 曲轴飞轮组的检修

（1）曲轴的检修　曲轴的主要损伤是轴颈（主轴颈和连杆轴颈）磨损，弯曲或扭曲变形，裂纹等。

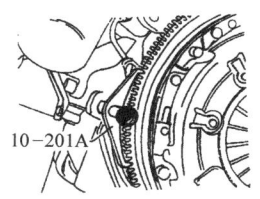

图 5-8　用专用工具固定飞轮

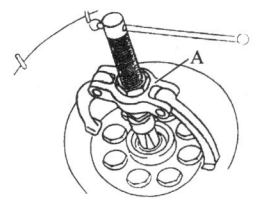

图 5-9　用专用工具拆卸曲轴滚针轴承

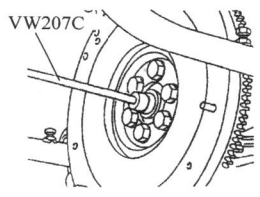

图 5-10　用专用工具压入轴承

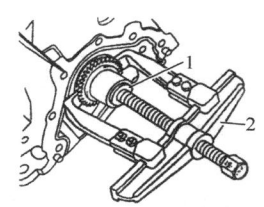

图 5-11　用顶拔器拉出曲轴链轮
1—垫圈　2—顶拔器

曲轴主轴颈和连杆轴颈的磨损是不均匀的，其主要表现是径向磨成椭圆形、轴向磨成锥形。这种不均匀磨损是由曲轴的结构、载荷、润滑油的质量和使用条件等因素所造成的。曲轴轴颈磨损的一般规律如图 5-12 所示。主轴颈的磨损形成椭圆形，最大磨损部位在靠近连杆轴颈一侧（见图 5-12 中 B—B）。如果主轴颈两侧均有连杆轴颈，将使主轴颈在两曲轴臂 120°夹角间的表面磨损最大。主轴颈沿轴向的磨损是不均匀的，一般没有规律性。连杆轴颈径向椭圆磨损的最大部位在各轴颈的内侧面上，即靠近曲轴中心线侧（见图 5-12 中 A—A）。连杆轴颈沿轴线方向磨损的最大部位一般在机械杂质沉积一侧和轴颈受力大的部位。

若曲轴主轴颈的同轴度误差超过 0.05mm，则为曲轴弯曲。若连杆轴颈的分配角误差超过 0°30′，则称曲轴扭曲。曲轴弯曲、扭曲的原因多数是由于使用不当和修理不当造成的。例如：发动机在爆燃或超负荷等冲击条件下工作、个别气缸不工作或工作不均匀、曲轴轴承松紧不一、曲轴的平衡被破坏等。

曲轴裂纹多发在主轴颈或连杆轴颈与曲轴臂相连接的过渡圆角处，以及轴颈中间的油孔处。前者是横向裂纹，危害极大，严重时造成曲轴断裂，如有则应立即更换曲轴。后者多为轴向裂纹，沿斜置油孔的锐边沿轴向发展，必要时也应更换曲轴。曲轴折断主要是受弯曲和扭转作用而引起的，多发生在曲轴臂的中部、曲轴臂与连杆轴颈端部或曲轴臂与曲轴轴颈的接合处，如图 5-13 所示。

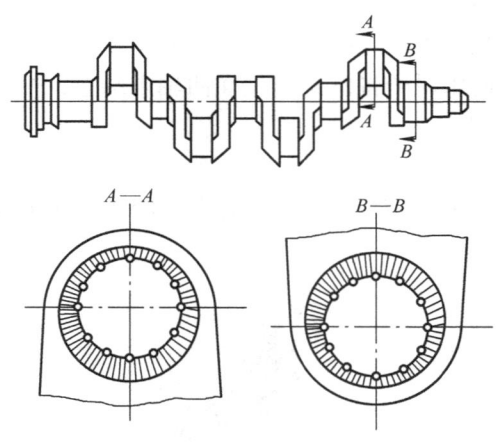

图 5-12　曲轴的磨损规律

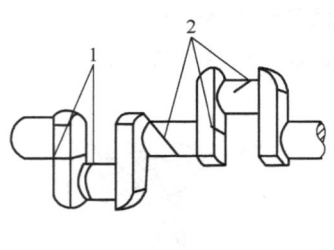

图 5-13　曲轴折断部位
1—因弯曲引起的折断
2—因扭转引起的折断

① 检查曲轴弯曲量。如图 5-14 所示，用 V 形架将曲轴两端水平支承在平台上，使百分表的测量触点垂直抵压到第 3 道主轴颈上。转动曲轴一周，百分表指针所指示的最大和最小读数差值的一半即为曲轴的直线度误差，其值应不大于 0.03mm，否则应进行压校或更换曲轴。

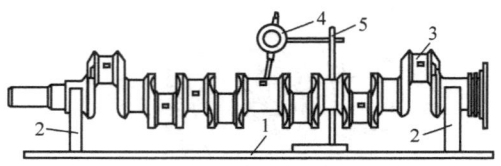

图 5-14　曲轴弯曲检验
1—检验平台　2—V 形架　3—曲轴
4—百分表　5—百分表架

注意：测量时，不可将百分表的量头放在轴颈的中间，而应放在轴颈的一端，避免由于轴颈不圆而对曲轴的弯曲量得出不正确的结论。另外，失圆和弯曲的方向往往不重合，由于牵涉到两端轴颈失圆所增加的误差，故这样测出的结果为一近似值。

必须指出的是，弯曲度多用弯曲摆差来表示，弯曲摆差为弯曲度的 2 倍。

② 检查曲轴扭曲量。曲轴弯曲检验完毕后，将两端同一曲柄平面内的两个连杆轴颈置于水平位置（如 1 与 6、2 与 5、3 与 4），用百分表或游标高度卡尺测量两连杆轴颈的最高点至平板的高度差 S，则曲轴的扭转角 α 可用下式近似计算：

$$\alpha = S \times 360 / 2\pi R$$

式中　S——同一平面内两个连杆轴颈的高度差（mm）；

　　　R——曲柄半径（mm）。

若以曲轴上安装正时齿轮的键槽中心线为基准，第 1 道连杆轴颈的轴心线偏移应在 ±0°30′范围内；以第 1 道连杆轴颈轴心线为基准，各道连杆轴颈的分配角度偏差应在 ±0°30′范围内。

③ 曲轴轴颈磨损的检测。曲轴轴颈磨损的检测，主要是用外径千分尺测量轴颈的圆度和圆柱度误差。如图 5-15 所示，先在轴颈油孔的两侧测量，然后旋转 90°再测量，即可测量出轴颈磨损最大部位的最小直径和轴颈磨损最小部位的最大直径，而最大直径与最小直径

差值的 1/2 就是圆度误差，轴颈两端的直径差值的 1/2 即为轴颈的圆柱度误差。

AFE 型发动机和 AJR 型发动机曲轴主轴颈和连杆轴颈的直径分别为 54.00mm、47.80mm，圆度和圆柱度误差标准值应为 0.01mm，磨损极限值为 0.02mm。超过标准时，均应对曲轴主轴颈和连杆轴颈按规定的修理尺寸进行修磨。

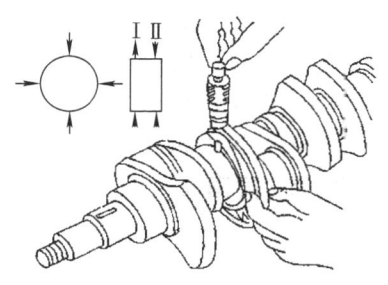

图 5-15 曲轴轴颈的检测

④ 检查曲轴轴向间隙。曲轴轴向间隙是指推力轴承止推端面与轴颈定位肩之间的间隙，一般为 0.05~0.20mm，使用极限为 0.35mm。间隙过小，会使零件因热膨胀而卡住；间隙过大，曲轴前后窜动，则会使活塞连杆组零件产生不正常磨损。因此，应对曲轴轴向间隙进行检查和调整。

如图 5-16a 所示，把带磁力底座的百分表固定在发动机前面或者后面的缸体上，把百分表杆部平行于曲轴中心线放置并调整表针，前后撬动曲轴，观察百分表读数，其最大值与最小值之差即为此曲轴的轴向间隙。也可以采用图 5-16b 所示的简易方法进行检测，将曲轴撬向一端，用塞尺检查第 3 道主轴承的轴向间隙（配合间隙）。

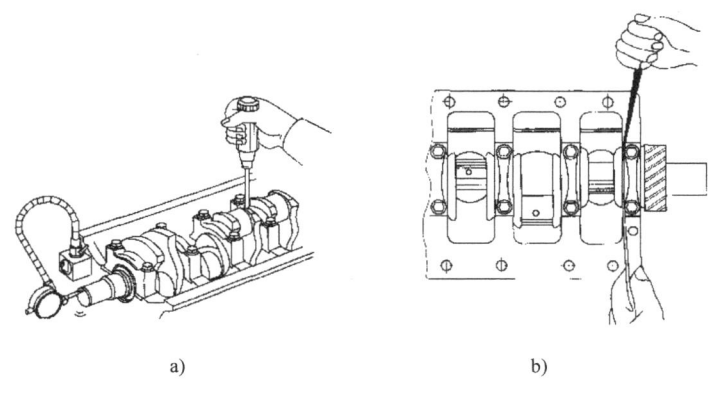

a)   b)

图 5-16 检查曲轴轴向间隙
a) 用百分表检查 b) 用塞尺检查

AFE 型发动机新的轴承轴向间隙应为 0.07~0.17mm，磨损极限值为 0.25mm。轴向间隙超过极限值时，应更换第 3 道主轴承两侧的半圆止推环。AJR 型发动机曲轴的轴向间隙应为 0.07~0.21mm，磨损极限值为 0.30mm。

⑤ 检查曲轴径向间隙。轴承与曲轴轴颈之间的间隙，称为曲轴的径向间隙。已装好的发动机可用塑料间隙测量片检查径向间隙，检测方法与连杆径向间隙的检查方法相同，如图 4-26 所示。曲轴主轴承盖的拧紧力矩为 65N·m，检测过程中不得使曲轴转动。也可用通用量具法进行检验，具体方法是用内径千分尺和外径千分尺分别测量轴颈的外径和轴承的内径，测得的这两个尺寸的差就是它们之间的间隙。AFE 型发动机新轴承径向间隙应为 0.03~0.08mm，磨损极限值为 0.17mm。超过磨损极限时，应对相应轴承进行更换。AJR 型发动机曲轴的径向间隙应为 0.01~0.04mm，磨损极限值为 0.15mm。

(2) 飞轮的检修　检查飞轮工作表面是否有明显的划伤沟槽，检查飞轮的平面度，应不大于 0.20mm，否则应更换飞轮。

飞轮齿圈轮齿磨损严重或出现裂纹时，可将齿圈均匀加热至 50~200℃，然后轻轻敲下，再将新齿圈加热到 200℃，趁热压装到飞轮上。更换齿圈后，必须对飞轮进行静平衡试验，不平衡量不得超过 10g·cm。

四、注意事项

（1）穿着合体的工作服。
（2）不得擅自动用与实验无关的其他设备。
（3）发动机运转时注意人身安全，手、衣服、工具等应远离传动带等旋转部件。
（4）拆下的零部件做好标记并按顺序摆放，以防零部件漏装。
（5）所有螺栓必须按要求拧紧。

实训工单 6 曲轴飞轮组的拆装与检修

班级：_____ 组长：_____ 组员：_____

发动机型号：_____

操作要点（需在□、空格等处进行正确的填写）

1. 曲轴飞轮组的拆卸
① 使用专用工具卡住飞轮齿圈，拧下紧固螺栓，从曲轴上拆下飞轮□。
② 拆卸飞轮内孔中滚针轴承，轴承标记必须打印在_____□。
③ 拆卸曲轴前、后油封□。

2. 曲轴飞轮组的安装
① 安装飞轮时，与曲轴的固定螺栓拧紧力矩：AFE 发动机为_____、AJR 发动机为_____。
② 安装滚针轴承时，滚针轴承_____向外□。
③ 安装中间轴密封圈和油封□。

3. 曲轴飞轮组的检修

	检验部位/轴颈序号		1	2	3	4	5
曲轴轴颈磨损检测	主轴颈	Ⅰ—Ⅰ $d_{水平}$					
		$d_{垂直}$					
		Ⅱ—Ⅱ $d_{水平}$					
		$d_{垂直}$					
		圆度					
		圆柱度					
	连杆轴颈	Ⅰ—Ⅰ $d_{水平}$					
		$d_{垂直}$					
		Ⅱ—Ⅱ $d_{水平}$					
		$d_{垂直}$					
		圆度					
		圆柱度					
曲轴弯曲度检测	测中间一道主轴颈弯曲量	百分表指示的最大读数 = _____，最小读数 = _____，弯曲量 = _____					
曲轴轴向与径向间隙检测	轴向间隙						
	径向间隙						
飞轮的检修	检查飞轮_____（有、无）明显的划伤沟槽，平面度应不大于_____ mm，实测值为_____ mm						
结论							

考核评分表 6　曲轴飞轮组的拆装与检修

班级：_____　组长：_____　组员：_____

考核时间：45min

项目	配分	评分标准	扣分	得分
工量具使用	15	工量具选择不当、使用错误，每次扣 1~2 分，扣分不超过 8 分		
		造成工量具损坏，扣 3~7 分		
拆装与检修过程	65	没有使用专用工具卡住飞轮齿圈，致使拆下飞轮耗时过多，扣 2~3 分		
		拆卸飞轮内孔中滚针轴承时，没有打印轴承标记或位置错误，扣 2 分		
		安装飞轮时，没有按照规定力矩拧紧飞轮与曲轴的固定螺栓，扣 3~5 分		
		安装滚针轴承时，滚针轴承有字的一面没有向外，扣 2 分		
		拆下的零部件没做标记、不按顺序摆放，扣 2~3 分		
		有零部件漏装，扣 5 分		
		未清理曲轴表面，扣 5 分		
		未对外径千分尺、百分表等量具进行校验或校对错误，每次扣 1~2 分，扣分不超过 5 分		
		曲轴主轴颈磨损的检测方法不当或结果错误，扣 3~7 分		
		曲轴连杆轴颈磨损的检测方法不当或结果错误，扣 3~7 分		
		曲轴弯曲度检测方法不当或结果错误，扣 3~7 分		
		曲轴轴向间隙检测方法不当或结果错误，扣 2~5 分		
		曲轴径向间隙检测方法不当或结果错误，扣 3~6 分		
		飞轮检测方法不当或结果错误，扣 2~3 分		
工单填写	15	填写不完整，每处扣 2 分，扣分不超过 10 分		
		结论不正确，扣 5 分		
整理清场	5	没有整理工具、清理现场，扣 2~5 分		
小计				
成绩评定				

考核教师签名：

项目6　配气机构的拆装与检修

一、实训目标
（1）掌握配气机构的结构组成、工作原理及主要零部件的装配关系。
（2）掌握配气机构的拆装步骤、技术要求及检修方法。

二、实训设备与工具
（1）带拆装翻转架且可正常运行的桑塔纳2000 AJR（或AFE）型发动机。
（2）汽车维修常用拆装工具与大众轿车专用拆装工具。
（3）塞尺、千分尺、百分表、磁性表座、刀口形直角尺、检验平台等。
（4）零部件存放台。

三、实训内容与步骤
配气机构由气门组和气门传动组组成。

气门组包括气门、气门导管、气门座及气门弹簧等。气门组应保证气门能够实现气缸的密封，因此要求气门头部与气门座贴合严密，气门导管与气门杆的上下运动有良好的导向，气门弹簧的两端面与气门杆的中心线相垂直以保证气门头在气门座上不偏斜，气门弹簧的弹力足以使气门能及时关闭并保证气门紧压在气门座上。

气门传动组包括正时齿轮、凸轮轴、液压挺柱等，有的发动机还有推杆、摇臂和摇臂轴。气门传动组的作用是使进、排气门能按配气定时规定的时刻开闭，且保证有足够的开度。

1. AFE型发动机配气机构的拆装

AFE型发动机采用气门顶置、凸轮轴上置式配气机构，凸轮轴由曲轴通过正时同步带驱动。AFE型发动机配气机构如图6-1所示，在气缸盖上的配置如图6-2所示。

（1）凸轮轴油封的拆装

① 拆下V带和正时同步带防护罩。

② 转动曲轴，使曲轴V带轮上的上止点记号和中间轴正时同步带轮上的记号对齐，将曲轴置于第1缸上止点位置（图2-4）。

③ 松开张紧轮，拆下正时同步带及正时同步带轮。注意：在正时同步带上标上其原转动方向，以防安装时装反而加速磨损。

④ 把凸轮轴正时同步带固定螺栓套上垫圈拧入凸轮轴，拧紧。

⑤ 将油封拆装器2085（图6-3，也可拆装曲轴前端油封）内螺纹套A旋出两圈（约3mm），再用固定螺钉B将内螺纹套A固定。

⑥ 将油封拆装器2085的外套螺纹头涂上机油，然后用力沿着图6-4箭头所示方向尽可能深地旋入油封。

⑦ 旋松固定螺钉B，将内套A旋入，将油封和油封拆装器2085一起拉出。

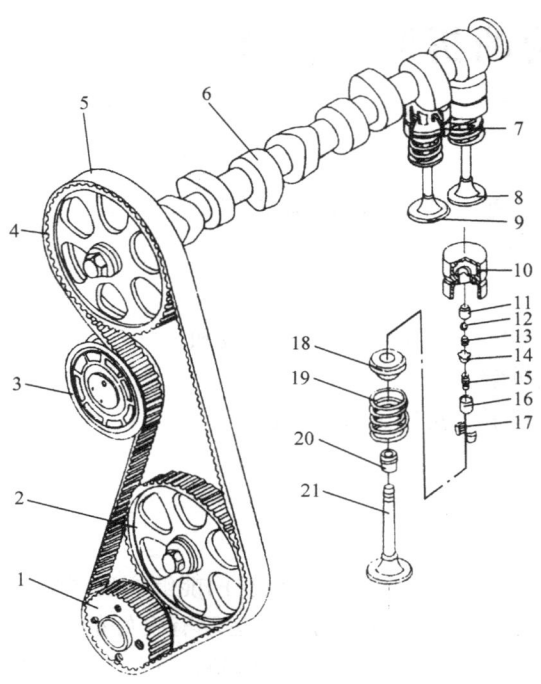

图6-1 AFE型发动机的配气机构

1—曲轴正时同步带轮 2—中间轴正时同步带轮 3—张紧轮 4—凸轮轴正时同步带轮 5—正时同步带 6—凸轮轴 7—液压挺柱组件 8—排气门 9—进气门 10—挺柱体 11—柱塞 12—单向阀钢球 13—小弹簧 14—托架 15—复位弹簧 16—油缸 17—气门锁片 18—上弹簧座 19—气门弹簧 20—气门油封 21—气门

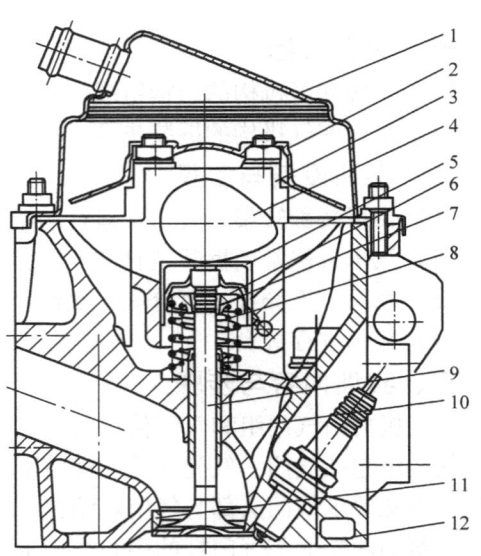

图6-2 AFE型发动机气缸盖上的配置

1—气缸盖罩 2—挡油板 3—凸轮轴轴承盖 4—凸轮轴 5—液压挺柱 6—气门弹簧上座 7—锁片 8—气门弹簧下座 9—气门 10—气门导管 11—气门座圈 12—气缸盖

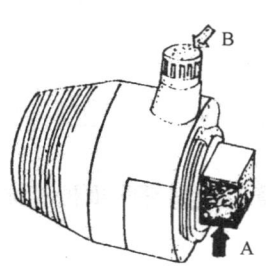

图6-3 油封拆装器
A—内螺纹套 B—固定螺钉

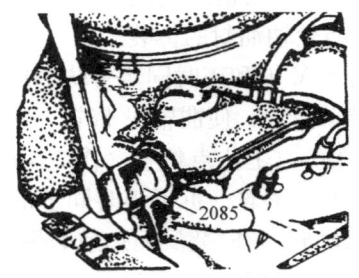

图6-4 将油封拆装器拧入密封圈

⑧ 用台虎钳夹住油封拆装器,用钳子取下密封圈。
⑨ 安装油封时,在密封圈唇边和外圈涂薄机油,将油封放入导套VW10-203。
⑩ 将油封平整压入,如图6-5所示。注意不要压到头,否则会堵塞回油孔。
(2)凸轮轴的拆装 拆卸凸轮轴的步骤如下:

① 拆下正时同步带上护罩，再拆下气门罩盖。
② 将曲轴置于第 1 缸上止点位置。
③ 取下正时同步带，拆下凸轮轴正时同步带轮。
④ 先对角交替拧松第 1、3、5 号轴承盖螺栓，拆下第 1、3、5 号轴承盖；再对角交替拧松第 2、4 号轴承盖螺栓，拆下第 2、4 号轴承盖。
⑤ 取出凸轮轴。

凸轮轴的安装步骤如下：

图 6-5　压入油封

① 装上第 2、4 号凸轮轴轴承盖，注意对准上下位置。对角交替拧紧轴承盖螺栓，拧紧力矩为 20N·m。
② 装上第 1、3、5 号凸轮轴轴承盖，注意对准上下位置。对角交替拧紧轴承盖螺栓，拧紧力矩为 20N·m。
③ 装入凸轮轴正时同步带轮并紧固螺栓，拧紧力矩为 80N·m。

注意：安装凸轮轴时，第 1 缸凸轮必须朝上。凸轮轴转动时，曲轴不可置于上止点位置，否则会损坏气门和活塞顶部。

（3）气门的拆装
① 拆下液压挺柱。液压挺柱不可互换，拆卸时注意做上标记。
② 用专用工具 VW2037 将气门弹簧座压下，取下气门锁夹，拆卸气门弹簧，如图 6-6 所示。或将气缸盖固定在台虎钳上，利用如图 6-7 所示的气门弹簧压缩器，拆卸气门弹簧，操作过程如图 6-8 所示。
③ 用专用工具 3047 拆下弹簧下座、气门等，如图 6-9 所示。

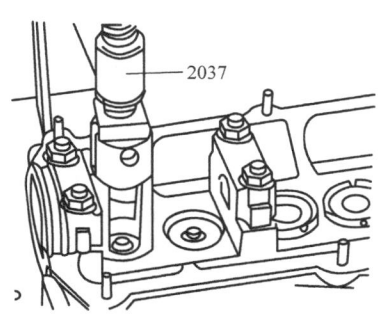

图 6-6　拆卸气门弹簧

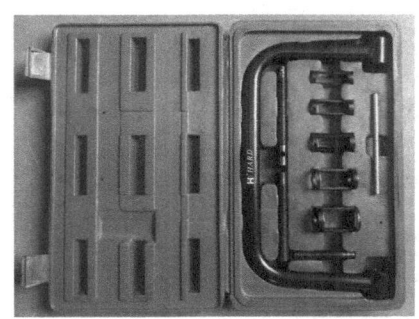

图 6-7　气门弹簧压缩器

注意：如图 6-10 所示，拆下的零部件应按顺序放好，不可混乱。气门弹簧座锥形孔下沿口非常锋利，可能会损伤气门杆（拉毛等）。损伤的气门应予更换，必要时在安装前就去除气门座毛边。

安装气门时，将气门杆上涂上少许润滑油，按原次序插入气门导管内，装上气门弹簧和弹簧座，用专用工具压紧气门弹簧，装上锁夹。

图 6-8 利用气门弹簧压缩器拆卸气门弹簧

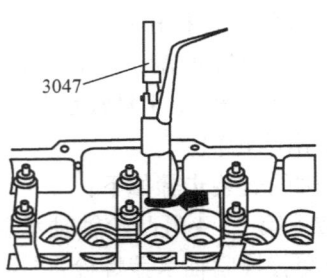

图 6-9 拆卸气门弹簧下座

2. AJR 型发动机配气机构的拆装

AJR 型发动机配气机构零件如图 6-11 所示。

（1）凸轮轴油封的拆装。拆卸凸轮轴油封按以下步骤进行：

① 拆下正时同步带上防护罩。

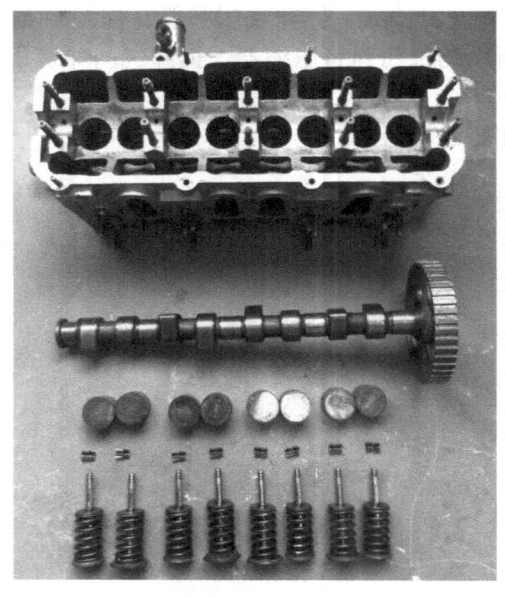

图 6-10 摆放有序的配气机构零部件

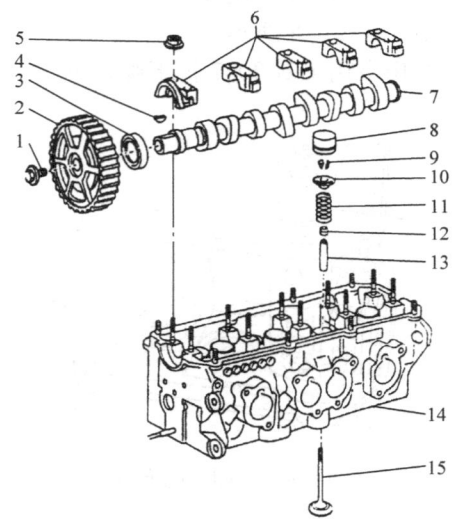

图 6-11 AJR 型发动机配气机构零件分解图
1—正时同步带轮螺栓（拧紧力矩 100N·m）
2—凸轮轴正时同步带轮 3—密封圈 4—半圆键
5—螺母（拧紧力矩 20N·m） 6—轴承盖
7—凸轮轴 8—液压挺柱 9—气门锁夹 10—气门弹簧座
11—气门弹簧 12—气门杆密封圈 13—气门导管
14—气缸盖 15—气门

② 松开凸轮轴正时同步带轮。

③ 转动曲轴V带轮，使其记号与机体记号对齐（图2-11），第1缸活塞处于上止点位置，此时凸轮轴正时同步带轮上的标记必须对准正时同步带防护罩上的标记。

④ 旋松半自动张紧轮，并从凸轮轴正时同步带轮上拆下正时同步带。

⑤ 拆下凸轮轴正时同步带轮。从凸轮轴上拆下半圆键。

⑥ 将凸轮轴正时同步带轮固定螺栓尽可能深地拧入凸轮轴。

⑦ 将油封拆装器2085的内件旋出，直到与外件平齐后，拧紧滚花螺钉将其固定，如图6-12所示。

⑧ 将油封拆装器的螺纹头涂上机油后，尽可能深地旋入到油封中。

⑨ 旋松滚花螺钉，将内件对着凸轮轴直到将油封拉出为止。

⑩ 用台虎钳夹住油封拆装器的平面后，用钳子取下油封。

安装凸轮轴油封时，在油封的唇边上涂少量润滑油，用专用工具10-203的导向套筒将油封定位，然后用10-203将油封压入直到平齐，如图6-13所示。装上半圆键。安装凸轮轴正时同步带轮，并将螺栓拧紧到100N·m。安装正时同步带（调整配气相位）。

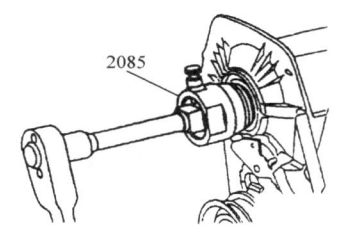

图6-12 油封拆装器2085的使用

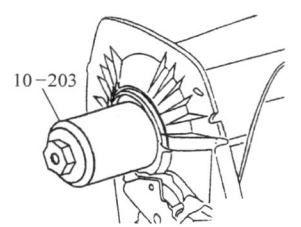

图6-13 用专用工具压入油封

（2）凸轮轴的拆装 拆卸凸轮轴可按以下步骤进行：

① 拆下正时同步带上防护罩。旋松凸轮轴正时同步带轮（固定住凸轮轴）。

② 转动曲轴使凸轮轴正时同步带轮位于第1缸上止点标记。凸轮轴正时同步带轮上的标记必须对准正时同步带防护罩上的标记（箭头）。

③ 转动曲轴到第1缸上止点。

④ 松开半自动张紧轮，从凸轮轴正时同步带轮上拆下正时同步带。

⑤ 拆下气门罩盖，再拆下凸轮轴正时同步带轮。从凸轮轴上拿下半圆键。

⑥ 先拆下第1、3、5号轴承盖，然后对角交替松开第2、4号轴承盖。

注意：安装凸轮轴前应更换凸轮轴油封。安装凸轮轴时，第1缸的凸轮必须朝上。当安装轴承盖时，要保证孔的上下部分对准。安装凸轮轴的步骤如下：

① 润滑凸轮轴轴承表面。

② 安装第2、4号轴承盖，交替对角拧紧紧固螺栓，拧紧力矩为20N·m。

③ 安装第1、3、5号轴承盖，交替对角拧紧紧固螺栓，拧紧力矩为20N·m。

④ 将半圆键安装到凸轮轴上，安装凸轮轴正时同步带轮，并拧紧到100N·m。

⑤ 安装正时同步带（调整配气相位），安装气门罩盖。

（3）液压挺柱的拆装 在拆下凸轮轴后，可直接取下液压挺柱。注意：各缸进、排气门的液压挺柱不能相互混淆，放置时将工作表面向下。

3. 配气机构的检修

配气机构技术状况的好坏，对发动机的工作和性能有直接影响。例如，气门与其座圈关闭的密封性和气门开启的升程以及配气正时必须满足发动机正常工作时的技术要求，否则，将导致发动机进气效率降低，功率和燃油经济性下降，排放污染物增多。

发动机运转过程中，气门工作条件十分苛刻，要承受冲击性交变载荷和燃烧气体的热负荷作用，尤其是排气门还要受到高温气流的冲刷和腐蚀影响，加之气门相对运动的部位润滑条件极差，使气门组件将会出现以下情况：气门和气门座工作面起槽、变宽、烧蚀、氧化，出现斑点和凹陷；气门杆磨损和弯曲；气门杆与气门导管配合松旷；气门弹簧自由长度缩短、弹力减退和变形、折断等。图 6-14 ~ 图 6-17 所示为气门及气门座的各种常见损伤。

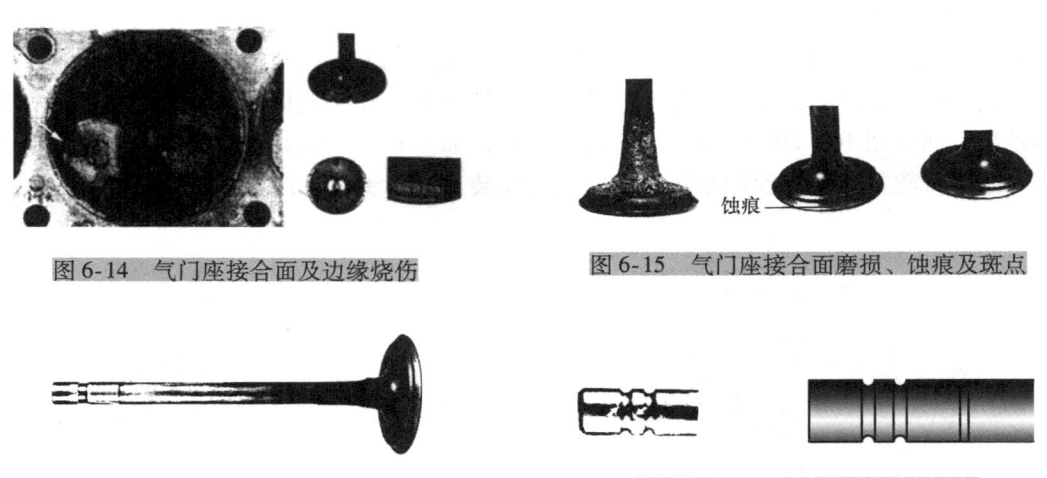

图 6-14 气门座接合面及边缘烧伤　　图 6-15 气门座接合面磨损、蚀痕及斑点

图 6-16 气门杆磨损　　图 6-17 气门杆卡槽磨损及裂纹

（1）进、排气门的检修

① 测量气门杆的弯曲度。如图 6-18 所示，将气门置于 V 形架上，将百分表测头分别触及气门杆中部、气门头部端面适当的位置，转动气门一周，百分表最大和最小读数之差，分别表示气门杆的弯曲和气门头歪斜的程度。超过 0.05mm 时，应进行校正或更换气门。

② 测量气门杆磨损程度。气门杆磨损可用外径千分尺对磨损最大的部位和气门杆尾端未磨损部位对比测量，测量部位如图 6-19 所示。AFE 型发动机与 AJR 型发动机气门杆直径均为 7mm，若磨损超过 0.05mm，或用手触摸有明显的阶梯感时，应更换气门。

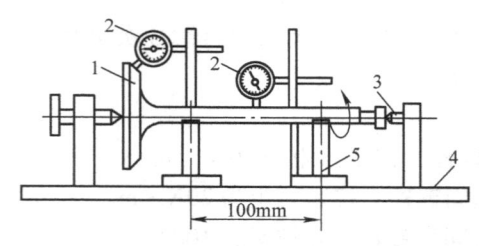

图 6-18 检查气门杆弯曲度

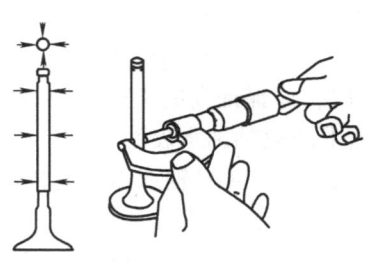

图 6-19 检查气门杆磨损

1—气门　2—百分表　3—顶尖　4—平板　5—V 形架

③ 测量气门杆长度。AFE 型发动机气门杆长度分别为：进气门 98.7mm，排气门 98.50mm，磨损极限为 0.50mm；AJR 型发动机气门杆长度分别为：进气门 91.85mm，排气门 91.15mm。气门杆尾端磨损不平时，应用砂轮修磨端面。

④ 检查气门工作面的磨损。气门工作锥面磨损，破坏了气门与气门座的密封性，会导致漏气，并改变气门间隙。检查时，要检查气门工作表面是否有疲劳脱层引起的点蚀、擦伤引起的刻痕和较大的斑痕，烧伤以及偏磨引起的凹陷。

⑤ 检查气门杆与气门导管的配合间隙。检查前，先除去积炭。用外径千分尺测量气门杆外径，用塞规测量导管内径，计算出配合间隙。也可采用图 6-20 所示的方法进行检查，将气门杆插入导管中，使气门杆末端与导管平齐，用百分表检查气门杆的摆动量。AFE 型发动机和 AJR 型发动机气门与导管的配合间隙均为 0.02 ~ 0.04mm，进气门使用限度不能超过 1.0mm，排气门使用限度不超过 1.3mm，否则，应更换气门导管。更换后再检验其配合间隙是否符合要求。

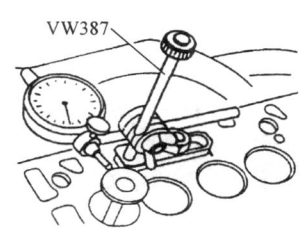

图 6-20 检查气门导管

（2）气门座的检修　气门座的损伤主要是由于磨料磨损和由于冲击载荷造成的硬化层脱落，以及高温、高压燃气的腐蚀、烧蚀造成的。气门座的损伤，将使密封带变宽、表面出现斑点，造成气门关闭不严而漏气。

检修时，检查气门工作面是否磨损起槽、变宽或出现斑点、凹陷。

（3）气门弹簧的检修　气门弹簧经过长期使用后，由于受力压缩产生塑性变形，使弹簧疲劳而导致自由长度缩短，弹力减退，簧身歪斜以致变形折断，从而影响配气相位的正确性和气门关闭的严密性；弹簧折断后，不仅会影响发动机的正常运转，气门还易掉入气缸，造成严重事故。

① 目视检验气门弹簧，不允许有任何裂纹或折断。

② 用游标卡尺检测气门弹簧在自由状态下的长度（图 6-21），一般自由长度的缩短不得超过 3% ~ 4%，弹力减弱不得超过原规定的 7% ~ 8%。

③ 如图 6-22 所示，检查气门弹簧的弯曲和扭曲变形。弹簧端面与轴线的垂直度误差不得超过 2mm，否则应更换。此外，弹簧的末端应与前一圈贴紧（允许不超过 0.5mm）。

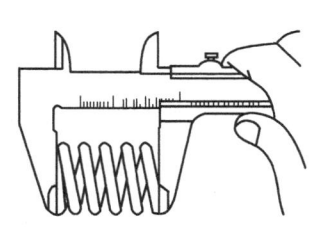

图 6-21 检查气门弹簧自由长度

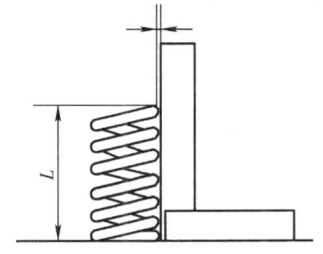

图 6-22 气门弹簧变形的检查

（4）凸轮轴的检修　凸轮轴的作用是控制气门的开启和关闭，以及驱动汽油泵、机油泵及分电器（桑塔纳 2000AFE 型发动机的汽油泵、机油泵及分电器由中间轴驱动）。经过长期使用或因其他部位发生故障，凸轮轴将产生弯曲和扭曲变形、凸轮工作表面磨损、轴颈磨损等，影响配气机构的正常工作。图 6-23 ~ 图 6-25 所示为凸轮的各种常见损伤。

图 6-23　凸轮点蚀　　　　图 6-24　凸轮穴蚀　　　　图 6-25　凸轮表面拉伤

① 观察凸轮轴表面是否有裂纹、擦伤等现象。凸轮的损伤形式有凸轮工作表面磨损、擦伤和疲劳剥落等，其中，以表面磨损最为常见。凸轮的擦伤和疲劳剥落，一般可目视发现。

② 检查凸轮轴凸轮的高度。凸轮磨损使气门的最大升程减小和升程规律改变，因此，凸轮最大升程的减小值是凸轮检验的主要数据。如图 6-26 所示，用外径千分尺测量凸轮轴凸轮顶尖的最小高度，如果凸轮的最小高度低于允许值，应更换凸轮轴。

③ 检查凸轮轴的弯曲度。检查凸轮轴的弯曲常用 V 形架支撑凸轮轴两端轴颈，用百分表的测杆测头抵在凸轮轴的中间轴颈上（图 6-27），缓慢转动凸轮轴一周，百分表所指示的最大值与最小值之差即为径向圆跳动量。若不大于 0.05mm 时，可不修理。

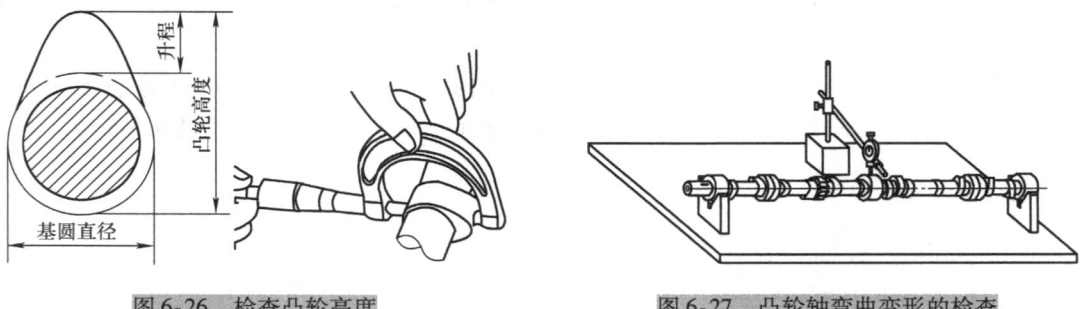

图 6-26　检查凸轮高度　　　　　　图 6-27　凸轮轴弯曲变形的检查

④ 检查凸轮轴的轴向间隙。检查轴向间隙时，要在不装液压挺柱的情况下进行（可只装第 1、5 道轴承盖），用百分表测头顶在凸轮轴前端，轴向推拉凸轮轴，百分表的摆动量即为凸轮轴的轴向间隙，如图 6-28 所示。超出 0.15mm 时，则应更换带凸肩的凸轮轴轴承。

⑤ 检查凸轮轴主轴颈磨损情况。检查凸轮轴轴颈磨损，其方法是测量轴颈的圆度和圆柱度误差。凸轮轴有 5 道轴颈，其轴颈尺寸为 $\phi 26.00$mm，与凸轮轴轴承孔径的配合间隙为 0.06 ~ 0.08mm。当轴颈尺寸磨损超限时，应修磨到 25.75mm。此时应更换小于标准尺寸凸

轮轴的气缸盖（标记上涂有黄色点）以及轴瓦。

（5）正时同步带和带轮的检修。正时同步带经长期使用后，将发生硬化、龟裂、剥离、脱落、磨损、纤维松散等缺陷，严重时也会折断。

① 正时同步带若有裂纹、变形、皱褶、缺口、脱胶分层应更换。

② 若同步带轮磨损严重，应更换。

③ 拆掉正时同步带护罩，用拇指压下正时同步带，其同步带挠度为 10～15mm 为合适（或用拇指和食指抠住凸轮轴与中间轴齿轮之间的同步带用力翻转，应刚好可转过 90°）。

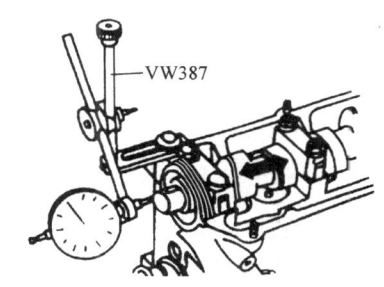

图 6-28　检查凸轮轴的轴向间隙

④ 如果同步带的张紧度不符合规定，应拧松同步带张紧轮螺母，进行调整。

（6）液压挺柱的检修。气门挺柱的主要耗损有气门挺柱底部出现剥落、裂纹、擦伤、划痕、挺柱与导孔配合松旷等，如图 6-29 所示。

① 检查液压挺柱顶部工作面（与凸轮接触的端面）的磨损程度，若磨损严重或出现其他损伤时则应更换挺杆。

② 如图 6-30 所示，拆开气门室罩，转动曲轴，使凸轮轴凸轮尖部分别朝上，顶住气门挺柱，用木片或塑料棒按压挺杆。如果自由行程（下压量）在气门打开前超过 0.1mm 时，应更换挺杆。新换的挺杆应做上标记，挺杆不可互换。

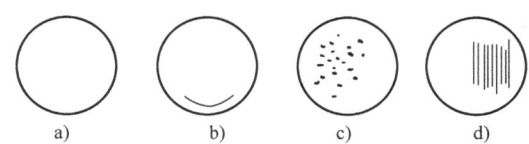

图 6-29　挺柱的配合表面
a）接触良好　b）裂纹　c）剥落　d）条痕伤

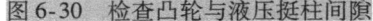

图 6-30　检查凸轮与液压挺柱间隙

③ 气门挺柱与气缸盖配合间隙若超过 0.1mm，应更换气缸盖，否则会产生气门异响声。

四、注意事项

（1）穿着合体的工作服。

（2）不得擅自动用与实验无关的其他设备。

（3）发动机运转时注意人身安全，手、衣服、工具等应远离传动带等旋转部件。

（4）安装凸轮轴轴承盖时，必须注意上下对准位置。

（5）安装凸轮轴时，第 1 缸凸轮必须朝上。

（6）凸轮轴转动时，曲轴不可置于上止点位置，否则会损坏气门和活塞顶部。

（7）拆下的零部件做好标记并按顺序摆放，以防零部件漏装。

（8）所有螺栓必须按要求拧紧。

实训工单 7 配气机构的拆装

班级：_____ 组长：_____ 组员：_____

发动机型号：_____

操作要点（需在□、空格等处进行正确的填写）

1. 配气机构的拆卸

① 拆下 V 带和正时同步带防护罩□。

② 转动曲轴，将曲轴置于第 1 缸上止点位置□。

③ 松开张紧轮，从凸轮轴正时同步带轮上拆下正时同步带□。

在正时同步带上标上____，以防安装时装反而加速磨损。

④ 拆下气门罩盖，再拆下凸轮轴正时同步带轮□。

⑤ 拆下凸轮轴油封、密封圈□。

⑥ 先拆下第 1、3、5 号轴承盖，再拆下第 2、4 号轴承盖□。

操作时，应____拧松轴承盖螺栓。

⑦ 取出凸轮轴□。

⑧ 拆下液压挺柱□。

液压挺柱____（可、不可）互换，拆卸时注意____。放置时应将工作表面向____（上、下）。

⑨ 用专用工具将气门弹簧座压下，取下气门锁夹，拆出气门弹簧□。

⑩ 用专用工具拆下弹簧下座、气门等□。

2. 配气机构的安装

① 将气门杆上涂上少许____，按原次序插入气门导管内□。

② 装上气门弹簧和弹簧座，用专用工具压紧气门弹簧，装上锁夹□。

③ 安装油封时，在密封圈唇边和外圈涂薄机油，将油封平整压入□。

④ 先装上第 2、4 号凸轮轴轴承盖，再装上第 1、3、5 号凸轮轴轴承盖□。

操作时，应____拧紧轴承盖螺栓，拧紧力矩____ N·m。

⑤ 装入凸轮轴正时同步带轮并紧固螺栓□。

AFE 型发动机拧紧力矩____ N·m，AJR 型发动机拧紧力矩____ N·m。

⑥ 安装正时同步带（调整配气相位），安装气门罩盖□。

注意：安装凸轮轴时，第 1 缸凸轮必须朝____（上、下）。凸轮轴转动时，曲轴不可置于____（上、下）止点位置，否则会损坏气门和活塞顶部。

考核评分表7 配气机构的拆装

班级：_____ 组长：_____ 组员：_____

考核时间：45min

项目	配分	评分标准	扣分	得分
工量具使用	15	工量具选择不当、使用错误，每次扣1~2分，扣分不超过8分		
		造成工量具损坏，扣3~7分		
拆装过程	65	没有将曲轴置于第1缸上止点位置，扣5分		
		拆下正时同步带及正时同步带轮时，没有在正时同步带上标上其原转动方向，扣2分		
		拆卸凸轮轴时，没按顺序要求拆卸凸轮轴轴承盖，扣5~10分		
		拆卸液压挺柱时，没按要求做上标记，没有将工作表面向下放置，扣2~3分		
		安装油封时，没有在油封密封圈唇边和外圈涂少量润滑油，扣5分		
		安装凸轮轴时，没有将第1缸凸轮朝上，扣5分		
		安装凸轮轴时，没有按顺序要求、规定力矩拧紧凸轮轴轴承盖螺栓，扣5~10分		
		凸轮轴转动时，没有将曲轴置于非上止点位置，扣5分		
		安装凸轮轴正时同步带轮时，没有按规定力矩拧紧螺栓，扣5分		
		拆下的零部件没做标记、不按顺序摆放，扣3~5分		
		有零部件漏装，扣10分		
工单填写	15	填写不完整或错误，每处扣2~3分，扣分不超过15分		
整理清场	5	没有整理工具、清理现场，扣2~5分		
小计				

成绩评定	
	考核教师签名：

实训工单 8　配气机构的检修

班级：_____　组长：_____　组员：_____

发动机型号：————　所测气缸为第____缸

进、排气门及气门座的检修	气门杆的弯曲度	进气门	
		排气门	
	气门杆磨损	进气门	
		排气门	
	气门杆长度	进气门	
		排气门	
	气门工作面的磨损	进气门	
		排气门	
	气门杆与气门导管的配合间隙	进气门	
		排气门	
	气门座	进气门	
		排气门	
气门弹簧的检修	自由长度	进气门	
		排气门	
	弯曲和扭曲变形	进气门	
		排气门	
凸轮轴的检修	凸轮表面是否有裂纹、擦伤	进气门	
		排气门	
	凸轮高度	进气门	
		排气门	
	凸轮轴弯曲度		
	凸轮轴轴颈磨损	圆度	
		圆柱度	
	凸轮轴轴向间隙		
正时同步带和带轮的检修	同步带是否有裂纹、变形		
	同步带挠度		
	同步带轮磨损		
液压挺柱的检修	工作面磨损	进气门	
		排气门	
	自由行程	进气门	
		排气门	
	与气缸盖配合间隙	进气门	
		排气门	
检验结论			

考核评分表 8　配气机构的检修

班级：_____组长：_____组员：_____

考核时间：30min

项目	配分	评分标准	扣分	得分
工量具使用	15	工量具选择不当、使用错误，每次扣 1~2 分，扣分不超过 8 分		
		造成工量具损坏，扣 3~7 分		
检修过程	65	未对外径千分尺、百分表等量具进行校验或校对错误，每次扣 1~2 分，扣分不超过 5 分		
		气门杆弯曲度的检测方法不当或结果错误，扣 2~3 分		
		气门杆磨损的检测方法不当或结果错误，扣 2~5 分		
		气门杆长度的检测方法不当或结果错误，扣 2~3 分		
		气门工作面磨损的检测方法不当或结果错误，扣 2~4 分		
		气门杆与气门导管的配合间隙检测方法不当或结果错误，扣 2~3 分		
		气门座检测方法不当或结果错误，扣 2~5 分		
		气门弹簧的自由长度、弯曲和扭曲变形检测方法不当或结果错误，扣 2~3 分		
		凸轮轴凸轮高度检测方法不当或结果错误，扣 3~7 分		
		凸轮轴弯曲度检测方法不当或结果错误，扣 3~7 分		
		凸轮轴轴颈磨损检测方法不当或结果错误，扣 3~7 分		
		凸轮轴轴向间隙检测方法不当或结果错误，扣 2~5 分		
		正时同步带裂纹、变形及挠度检测方法不当或结果错误，扣 2~3 分		
		液压挺柱工作面磨损、自由行程检测方法不当或结果错误，扣 2~5 分		
工单填写	15	填写不完整，每处扣 2 分，扣分不超过 10 分		
		结论不正确，扣 5 分		
整理清场	5	没有整理工具、清理现场，扣 2~5 分		
小计				
成绩评定				

考核教师签名：

项目 7　润滑系统的拆装与检修

一、实训目标
（1）掌握润滑系统的结构组成、工作原理及主要零部件的装配关系。
（2）掌握机油泵和机油滤清器的拆装步骤、技术要求及检修方法。

二、实训设备与工具
（1）桑塔纳 2000GSi（或 2000GLi）型轿车实车。
（2）带拆装翻转架且可正常运行的桑塔纳 2000 AJR（或 AFE）型发动机。
（3）汽车维修常用拆装工具与大众轿车专用拆装工具。
（4）塞尺、刀口形直尺等。
（5）零部件存放台。

三、实训内容与步骤

润滑系统的功用是在发动机工作时连续不断地把数量足够的洁净润滑油（或称机油）输送到全部传动件的摩擦表面，并在摩擦表面之间形成油膜，实现液体摩擦，从而减小摩擦阻力、减轻零件磨损、降低功率消耗。除此之外，润滑油还具有冷却、清洁、密封和防锈等功能。

发动机润滑系统由机油泵、机油滤清器、油底壳、集滤器及机油压力表、机油散热器等附属装置组成。

1. AFE 型发动机润滑系统的检修

AFE 型发动机润滑系统的组成如图 7-1 所示。在机油泵的作用下，机油从油底壳经机油集滤器除去较大杂质后，经机油滤清器进一步过滤，大部分进入发动机主油道去润滑各个部位，一小部分压力油直接进入中间轴。

（1）机油泵的拆卸　AFE 型发动机的机油泵为齿轮泵，由中间轴上的弧齿锥齿轮驱动，安装在气缸体底平面第 3 缸附近设计的平台上。泵的出口直接向上通向气缸体润滑油道，进入安装在气缸体侧面的机油滤清器支架内。泵的进口与粗集滤器相连。机油泵的分解图如图 7-2 所示。

① 旋松分电器轴向限位卡板的紧固螺栓，拆下卡板，拔出分电器总成。
② 旋下两个机油泵壳与发动机机体的连接长紧固螺栓，将机油泵及吸油部件一起拆下。
③ 拧松并拆下吸油管组紧固螺栓，拆下吸油管组，检查并清洗滤网。
④ 如图 7-3 所示，旋松并取下机油泵盖短螺栓，取下机油泵盖组，检查泵盖上限压阀（旁通阀）。观察泵盖接合面的磨损情况。
⑤ 如图 7-4 所示，分解主从动齿轮，再分解齿轮和齿轮轴。分解完成后的齿轮、齿轮轴、集滤器和机油泵盖组如图 7-5 所示。

（2）机油泵的检修
① 检查齿轮啮合间隙。如图 7-6 所示，检查时，将机油泵盖拆下，用塞尺在互成 120°的三个位置处测量机油泵主、从动齿轮的啮合间隙，再取其平均值。新机油泵齿轮啮合间隙

项目 7　润滑系统的拆装与检修

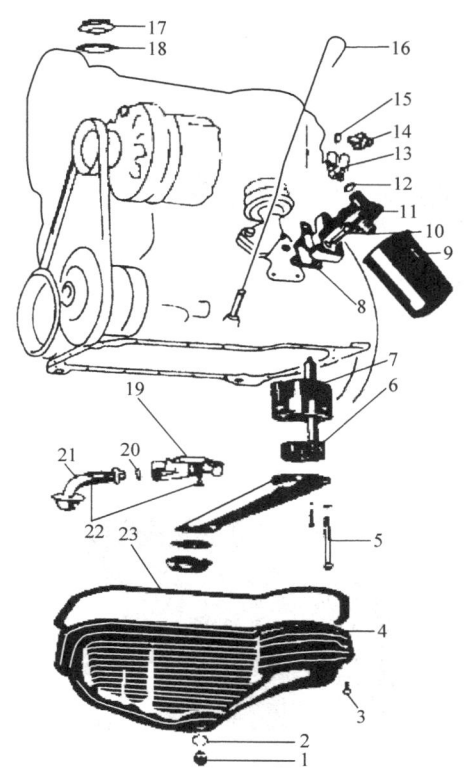 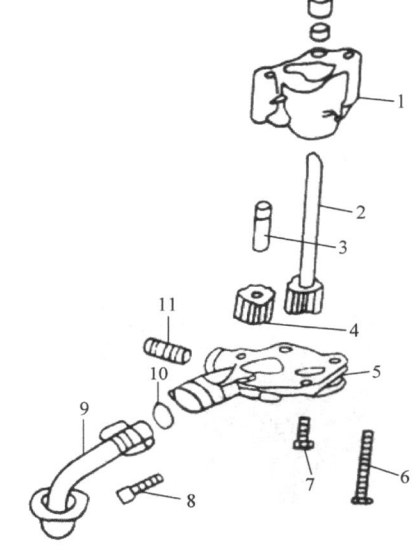

图 7-1　AFE 型发动机润滑系统

1—放油螺塞（拧紧力矩 30N·m）　2、20—O 形密封圈
3—油底壳紧固螺栓（拧紧力矩 20N·m）　4—油底壳
5—机油泵盖长螺栓（拧紧力矩 20N·m）　6—机油泵齿轮
7—机油泵壳体　8—机油滤清器盖衬垫　9—机油滤清器体
10—机油滤清器盖紧固螺栓（拧紧力矩 25N·m）
11—机油滤清器盖　12、15—密封圈　13—0.18MPa 油压开关
　　（拧紧力矩 25N·m）　14—0.031MPa 油压开关
　　（拧紧力矩 25N·m）　16—机油尺　17—加油口盖
18—橡胶油封垫圈　19—带限压阀的机油泵盖　21—机油集滤器
22—机油泵盖短螺栓（拧紧力矩 10N·m）　23—油底壳密封垫

图 7-2　AFE 型发动机机油泵分解图

1—机油泵壳体　2—主动轴　3—从动轴　4—从动齿轮
5—机油泵泵盖　6、7、8—螺栓　9—机油集滤器
10—密封垫　11—阀弹簧

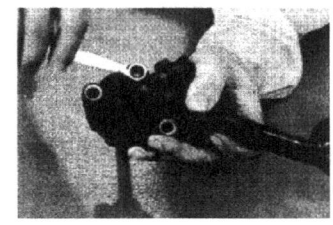 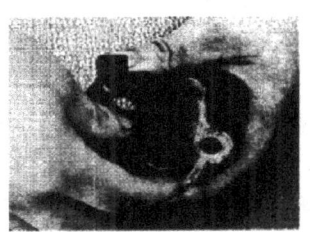

图 7-3　旋松并取下机油泵盖短螺栓　　图 7-4　分解主从动齿轮

 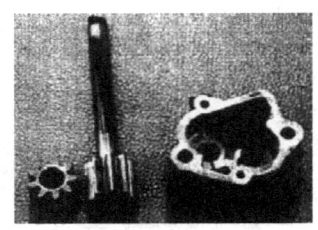

图7-5 分解完成后的零部件

为0.05mm,磨损极限值为0.20mm。

② 检查机油泵主、从动齿轮与机油泵盖接合面的间隙。如图7-7所示,拆下泵盖后,在泵体上沿两齿轮中心连线方向放一钢直尺,然后用塞尺测量齿轮端面与钢直尺间的间隙,正常间隙应为0.05mm,磨损极限值为0.15mm。

 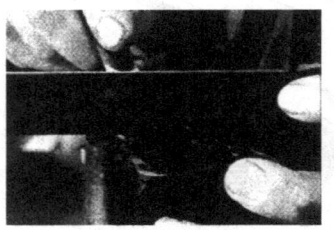

图7-6 检查机油泵齿轮啮合间隙   图7-7 检查机油泵主从动齿轮与机油泵盖接合面的间隙

③ 检查机油泵主动轴的弯曲度。将机油泵主动轴支承在V形架上,用百分表检查弯曲度。如果弯曲度超过0.03mm,则应对其进行校正或更换。

④ 检查主动齿轮轴与机油泵壳配合间隙。主动齿轮轴与机油泵壳配合间隙应为0.03~0.075mm,磨损极限值为0.20mm,否则应对轴孔进行修复。

⑤ 检查机油泵盖。机油泵盖如有磨损、翘曲和凹陷超过0.05mm,应以车、研磨等方法进行修复。

⑥ 检查限压阀。检查限压阀弹簧有无损伤、弹力是否减弱,必要时予以更换。检查限压阀配合是否良好、油道是否堵塞、滑动表面有无损伤,必要时更换限压阀。

(3) 机油泵的装复

① 按与拆卸顺序相反的顺序安装机油泵。安装时应更换垫片,注意各螺栓的拧紧力矩(图7-1)。

② 机油泵装复后,用手转动机油泵齿轮,应转动自如,无卡阻现象。如图7-8~图7-10所示,将机油灌入机油泵内并转动泵轴数圈,将机油泵的集滤器浸入机油盆中,用手转动泵轴,观察出油口是否出油。用拇指堵住出油孔,转动泵轴应有油压出,并能感到有压力。

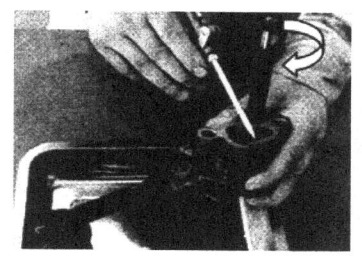 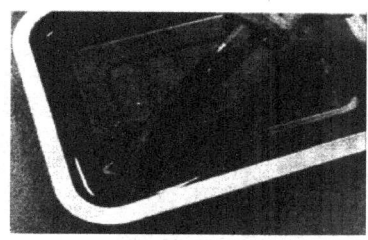 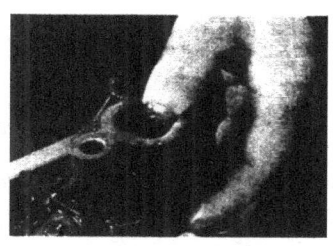

图 7-8　加入机油并转动主动轴　　　图 7-9　观察出油口是否出油　　　图 7-10　用手指感受出油压力

（4）机油滤清器拆装　AFE 型发动机机油滤清器为整体式，拆卸时应将外壳与滤芯一起拆下。机油滤清器的拆装步骤如下：

① 放出发动机机油，用机油滤清器专用工具拆卸机油滤清器，如图 7-11 所示。

② 对旧机油滤清器进行检查，旧机油滤清器密封圈不能卡在原车上，防止更换新机油滤清器时漏油，如图 7-12 所示。

 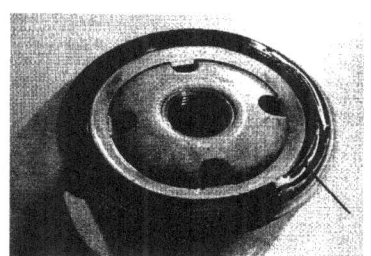

图 7-11　用专用工具拆卸机油滤清器　　　图 7-12　检查旧机油滤清器

③ 安装滤清器时，应在密封圈上涂上干净的机油，如图 7-13 所示。若不涂机油，安装时密封圈与接合面发生干摩擦，密封圈易翘曲和损坏，造成密封不良而漏油。

④ 用手轻轻拧进机油滤清器，直到感觉有阻力为止，再用专用工具重新拧紧机油滤清器 3/4 圈，如图 7-14 所示。

图 7-13　在密封圈上涂机油　　　图 7-14　用专用工具拧紧机油滤清器

2. AJR 型发动机润滑系统的检修

AJR 型发动机润滑系统的组成如图 7-15 所示，其分解如图 7-16 所示。机油泵从油底壳中吸取机油，经由机油滤清器输送到发动机各润滑点。

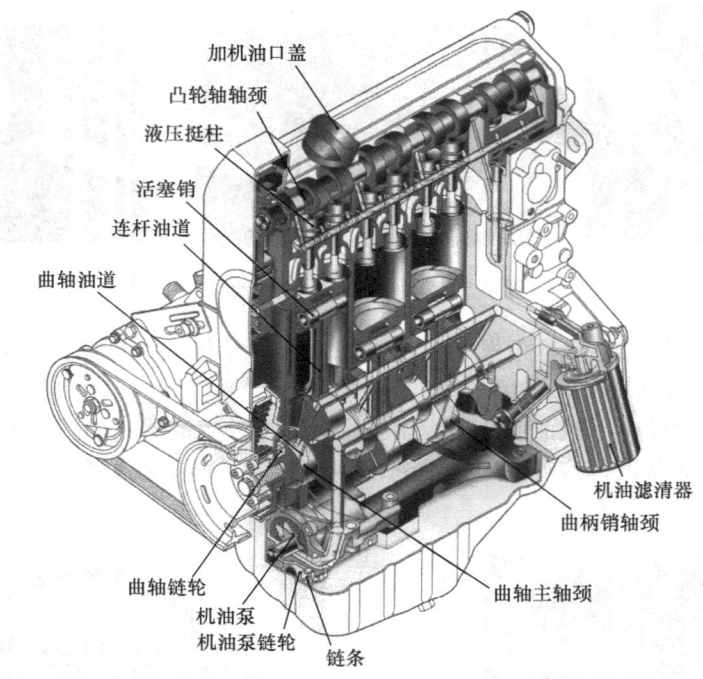

图 7-15 AJR 型发动机润滑系统的组成

与 AFE 型发动机润滑系统相比，AJR 型发动机润滑系统主要改变在于机油泵，它由原来的齿轮泵改为转子泵，结构更为紧凑，体积小、质量轻、流量大。机油泵上有一个限压阀用来限制机油泵的出油压力。AJR 型发动机机油泵的安装位置移到机体的前端底面，直接由曲轴前端的链轮通过链条驱动，其驱动形式如图 7-17 所示。

（1）机油泵的拆装与检修

① 交替对角拧下油底壳上的所有螺栓，拆下油底壳，必要时用橡胶锤子轻轻敲击。

② 旋下图 7-18 箭头所指螺栓，将链轮和机油泵一起拆下。

③ 检查转子轴与轴孔配合间隙。用千分尺和内径百分表分别测量机油泵转子轴直径和泵壳上的轴孔内径，并计算其配合间隙。配合间隙正常值为 0.045~0.085mm。

④ 检查外转子与泵壳配合间隙。如图 7-19 所示，拆下泵盖，用塞尺测量外转子与泵壳间的间隙，正常值为 0.10~0.16mm。

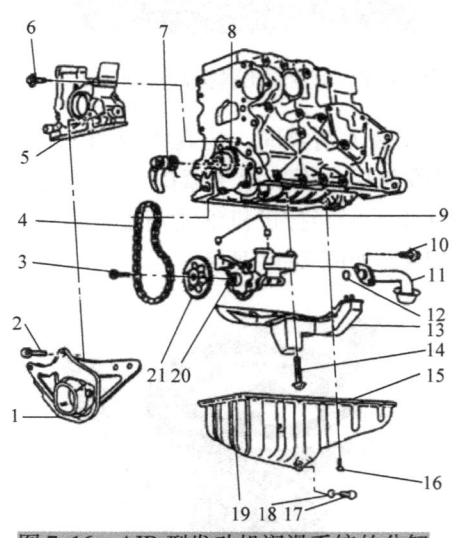

图 7-16 AJR 型发动机润滑系统的分解

1—扭力臂 2、3、10、14、16—螺栓
4—机油泵传动链 5—曲轴前油封凸缘
6—油封凸缘固定螺栓 7—链条张紧器
8—曲轴链轮 9—销钉 11—吸油管
12—O 形密封圈 13—挡油板 15—衬垫
17—放油螺塞 18—放油螺塞密封圈
19—油底壳 20—机油泵 21—机油泵链轮

项目7 润滑系统的拆装与检修

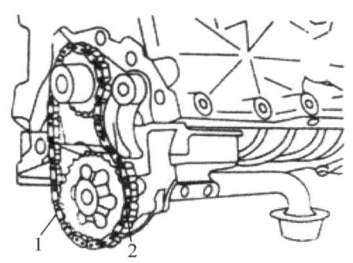

图7-17 机油泵的链传动
1—链条 2—链条张紧装置

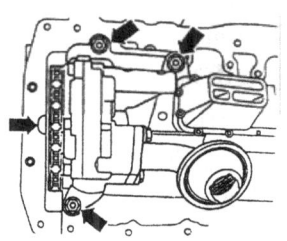

图7-18 旋下螺栓

⑤ 检查内、外转子啮合间隙。如图7-20所示,将机油泵盖拆下,用塞尺测量内、外转子啮合间隙,正常值为0.04~0.12mm。

⑥ 检查转子端面与泵盖轴向间隙。如图7-21所示,将机油泵盖拆下,用塞尺测量转子端面与泵盖轴向间隙,正常值为0.03~0.09mm。

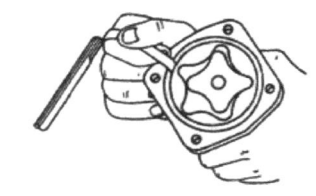

图7-19 检查外转子与泵壳配合间隙

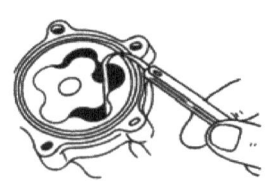

图7-20 检查转子啮合间隙

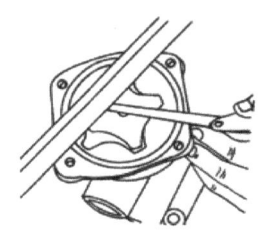

图7-21 检查转子端面与泵盖轴向间隙

若以上检测结果超过允许极限,应更换磨损严重的零件或机油泵总成。

机油泵装复后,将机油集滤器浸入清洁的机油盆内,按顺时针方向转动油泵轴,直到机油从油孔中流出为止。再用大拇指堵住出油孔,继续转动机油泵,检查其转动阻力是否增大,增大为良好。

注意:安装内外转子时,要把有标记的一面对着机油泵的泵体(朝向上方),所有的密封圈及衬垫拆卸后应更换。

⑦ 将销钉插入到机油泵上端(泵轴与链轮只能有一个安装位置)。

⑧ 安装机油泵。用(22±3)N·m的力矩拧紧链轮与机油泵的紧固螺栓,用(16±1)N·m的力矩拧紧机油泵与气缸体的紧固螺栓。

⑨ 交替对角拧紧油底壳与气缸体的紧固螺栓,安装油底壳。油底壳紧固螺栓拧紧力矩为20N·m。

注意:所有的密封圈及衬垫拆卸后应更换;链条张紧器不能分解,安装时压下弹簧后即可安装,链条张紧器的拧紧力矩为14.4~17.6N·m;机油泵罩壳拧紧力矩为8.1~9.9N·m。

(2) 机油滤清器拆装 与AFE型发动机一样,AJR型发动机机油滤清器为整体式,拆卸时应将外壳与滤芯一起拆下。拆装步骤与 AFE 型发动机完全一致，但机油滤清器螺栓拧紧力矩为 20N·m。

四、注意事项

（1）穿着合体的工作服。

（2）不得擅自动用与实验无关的其他设备。

（3）发动机运转时注意人身安全，手、衣服、工具等应远离传动带等旋转部件。

（4）拆下的零部件做好标记并按顺序摆放，以防零部件漏装、错装。

（5）所有螺栓必须按要求拧紧力矩拧紧。

实训工单 9 润滑系统的拆装与检修

班级：_____ 组长：_____ 组员：_____

发动机型号：_____

操作要点（需在□、空格等处进行正确的填写）

1. 机油泵的拆装与检修

① 交替对角拧下油底壳上的所有螺栓，拆下油底壳□。

② 旋下机油泵壳紧固螺栓，拆下机油泵□。

③ 拆开机油泵壳□。

④ 在互成____三个位置处测量主、从动齿轮的啮合间隙（AFE 型发动机齿轮式机油泵）。新机油泵齿轮啮合间隙为____ mm，实测值为____□。

测量内、外转子啮合间隙（AJR 型发动机转子式机油泵），正常值为____ mm，实测值为____□。

⑤ 检查机油泵主、从动齿轮与机油泵盖接合面的间隙（AFE 型发动机齿轮式机油泵），正常值为____ mm，实测值为____ mm□。

检查转子端面与泵盖轴向间隙（AJR 型发动机转子式机油泵），正常值为____ mm，实测值为____ mm□。

⑥ 检查外转子与泵壳配合间隙（AJR 型发动机转子式机油泵），正常值为____ mm，实测值为____ mm□。

⑦ 检查主动齿轮轴与机油泵壳配合间隙（AFE 型发动机齿轮式机油泵），正常值为____ mm，实测值为____ mm□。

检查转子轴与轴孔配合间隙（AJR 型发动机转子式机油泵），正常值为____ mm，实测值为____ mm。

⑧ 检查机油泵盖（壳），____（有、无）磨损、翘曲和凹陷□。

检修结论：_____。

⑨ 按与拆卸顺序相反的顺序安装机油泵□。

⑩ 用手转动机油泵齿轮或转子，____（是、否）转动自如，____（有、无）卡阻现象□。

⑪ 安装油底壳时，交替对角拧紧油底壳与气缸体的紧固螺栓，拧紧力矩为____ N·m，放油螺塞的拧紧力矩为____ N·m□。

2. 机油滤清器的拆装

① 放出发动机机油，用____拆卸机油滤清器□。

② 在滤清器密封圈上涂上干净的____□。

③ 用手轻轻拧进机油滤清器，直到感觉有____为止□。

④ 用专用工具重新拧紧机油滤清器螺栓____圈（AFE 型发动机）或拧紧力矩____ N·m（AJR 型发动机）□。

考核评分表 9　润滑系统的拆装与检修

班级：_____ 组长：_____ 组员：_____

考核时间：30min

项目	配分	评分标准	扣分	得分
工量具使用	15	工量具选择不当、使用错误，每次扣 1~2 分，扣分不超过 8 分		
		造成工量具损坏，扣 3~7 分		
拆装与检修过程	65	拆下油底壳时，没有交替对角拧下所有紧固螺栓，扣 5 分		
		拆卸、分解机油泵方法不当，扣 3~5 分		
		检查机油泵主、从动齿轮（内、外转子）的啮合间隙方法不当或结果错误，扣 5~10 分		
		检查机油泵主、从动齿轮与机油泵盖接合面的间隙（转子端面与泵盖轴向间隙）方法不当或结果错误，扣 5~10 分		
		检查外转子与泵壳配合间隙方法不当或结果错误，扣 2~5 分（无此项则不扣分）		
		检查主动齿轮轴与机油泵壳配合间隙（转子轴与轴孔配合间隙）方法不当或结果错误，扣 5~10 分		
		安装机油泵时，没有按规定力矩拧紧各螺栓，扣 2~3 分		
		安装油底壳时，没有按要求（顺序和规定拧紧力矩）拧紧紧固螺栓，扣 3~5 分		
		安装机油滤清器时，没有在密封圈上涂上干净的机油，扣 2 分		
		拧紧机油滤清器的方法不当，扣 3~5 分		
		有零部件漏装，扣 5 分		
工单填写	15	填写不完整，每处扣 2 分，扣分不超过 10 分		
		结论不正确，扣 5 分		
整理清场	5	没有整理工具、清理现场，酌情扣 2~5 分		
小计				
成绩评定				

考核教师签名：

项目 8 冷却系统的拆装与检修

一、实训目标
（1）掌握冷却系统的结构组成、工作原理及主要零部件的装配关系。
（2）掌握水泵、节温器、散热器的拆装步骤、技术要求及检修方法。

二、实训设备与工具
（1）桑塔纳 2000GSi（或 2000GLi）型轿车实车。
（2）带拆装翻转架且可正常运行的桑塔纳 2000 AJR（或 AFE）型发动机。
（3）汽车维修常用拆装工具与大众轿车专用拆装工具。
（4）钢直尺、加热装置、温度计、散热器检测器等。
（5）零部件存放台。

三、实训内容与步骤
冷却系统的功用是强制地将发动机运转时零件所吸收到的热量及时散去，以保证其温度在适当的范围内，从而保证发动机的正常运转。冷却系统一般由散热器、水泵、冷却风扇、节温器、水套及其他附属装置组成。

1. AFE 型发动机冷却系统的检修
AFE 型发动机的冷却系统组成如图 8-1 所示。

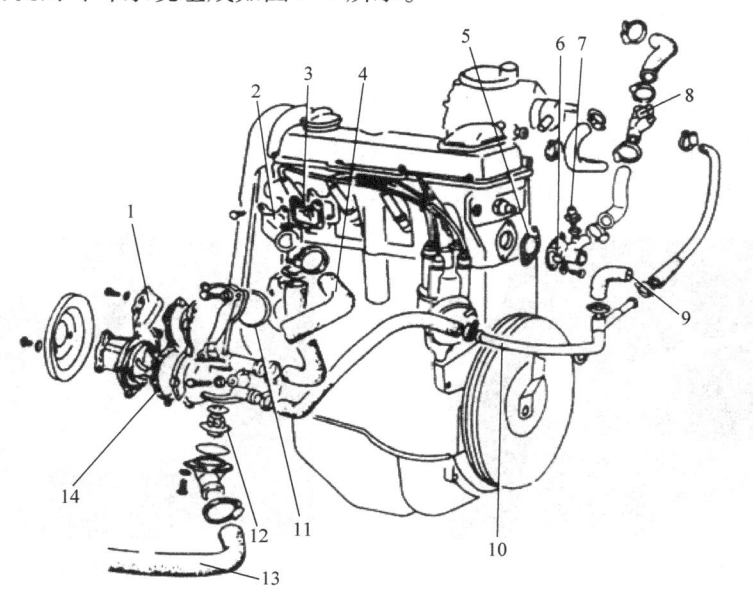

图 8-1 冷却系统零件分解图
1—水泵 2—缸盖接管 3、5—密封垫 4—橡胶管 6—接管 7—冷却液温度传感器 8—热敏开关
9—通向暖风热交换器的冷却液管 10—冷却液管 11—O 形密封圈 12—节温器 13—下橡胶弯管 14—密封垫圈

（1）水泵的拆装与检修　水泵的结构如图8-2所示，分解步骤如下：

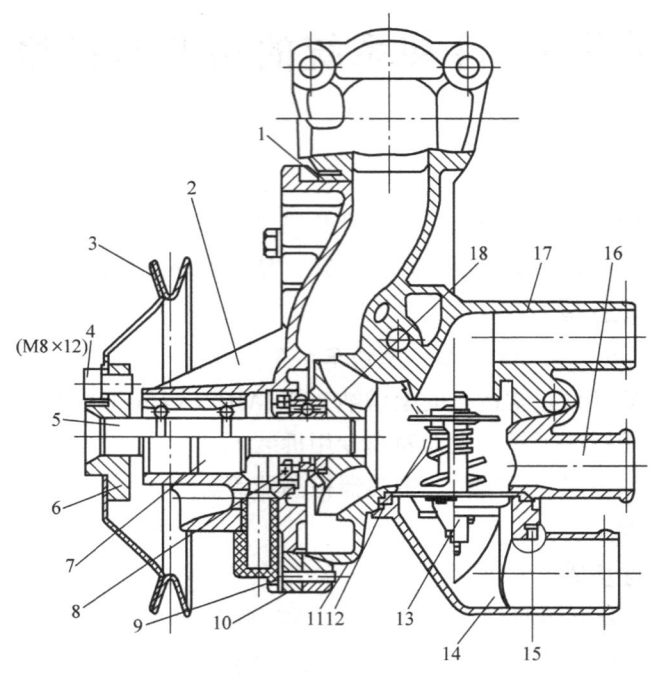

图8-2　水泵剖面图

1、10—密封垫　2—水泵前壳体　3—水泵带轮　4—水泵带轮紧固螺栓（20N·m）　5—水泵轴
6—水泵轴凸缘　7—轴承　8—水封　9—水泵壳连接螺栓　11—水泵壳体　12—密封圈　13—节温器
14—水泵主进水管　15—进水管紧固螺栓　16—热交换器（暖气）回水进水泵口
17—小循环水泵进水口　18—水泵叶轮

① 把水泵壳体夹紧固定在夹具中或台虎钳上。
② 如图8-3所示，拧松水泵带轮紧固螺栓，拆下带轮。
③ 如图8-4所示，分解前盖与泵壳，但注意分批拧松紧固螺栓。

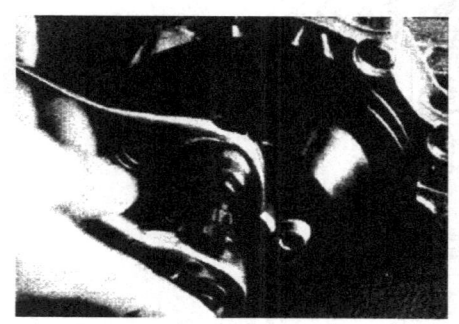

图8-3　拆下带轮

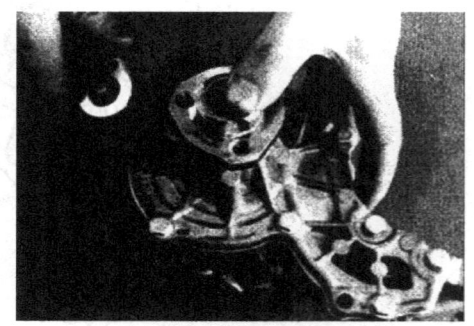

图8-4　分解前盖与泵壳

④ 用拉具拆下水泵带轮凸缘，再拆下水泵叶轮（图8-5），注意防止损坏叶轮。
⑤ 压出并分解水泵轴和轴承。
⑥ 压出水封、油封。

⑦ 放松水泵壳体，换位夹紧，拆下进水口接头的紧固螺栓，取下接管。
⑧ 如图 8-6 所示，拆下密封圈，拆下节温器。

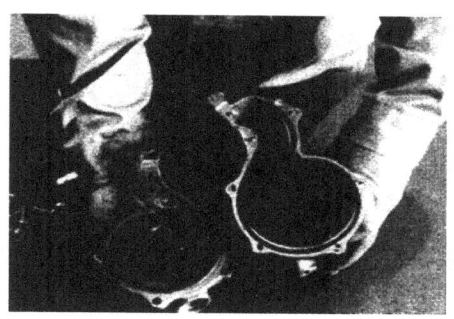

图 8-5　拆下水泵叶轮

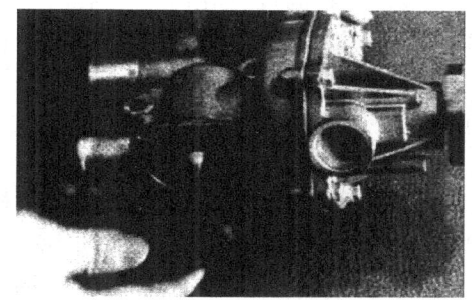

图 8-6　拆下节温器

如图 8-7 所示，对水泵进行检查，如壳体有裂纹、水封损坏、轴承松旷，则更换。图 8-8 所示为一叶轮有裂纹的水泵。

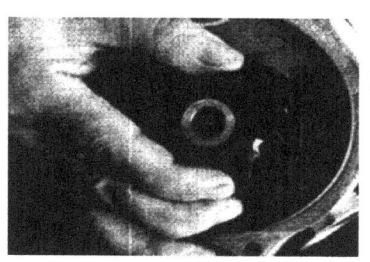

图 8-7　水泵的检查

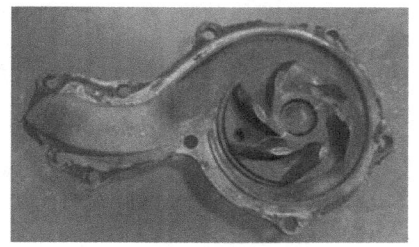

图 8-8　叶轮有裂纹的水泵

安装水泵的顺序与拆卸顺序基本相反，但需更换所用衬垫及密封圈，如图 8-9、图 8-10 所示。

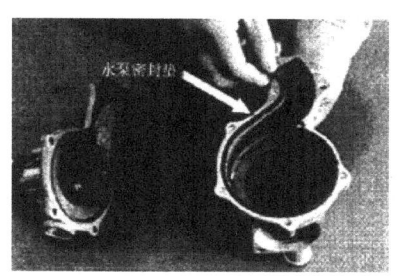

图 8-9　更换密封衬垫

图 8-10　更换密封圈

安装时注意：
① 叶轮与泵壳的轴向间隙。叶轮一般应高出泵轴 0.1～0.5mm，叶轮与泵盖之间应有 0.075～1.00mm 的间隙。
② 叶轮与壳体的径向密封处的间隙。叶轮外缘与泵壳内腔之间的间隙，一般为 1mm。

（2）节温器的检修 节温器为蜡式节温器。检查节温器的功能时，可将节温器置于热水中（图8-11），观察温度变化时节温器的动作。当水温为（87±2）℃时，节温器应开始打开；水温达（102±3）℃时，节温器阀门升程应不小于7mm。

2. AJR 型发动机冷却系统的检修

AJR 型发动机取消了中间轴，在发动机前端原中间轴的位置附近通过水泵轴承座上的3个孔直接将水泵安装在机体前端，其结构组成如图8-12所示。

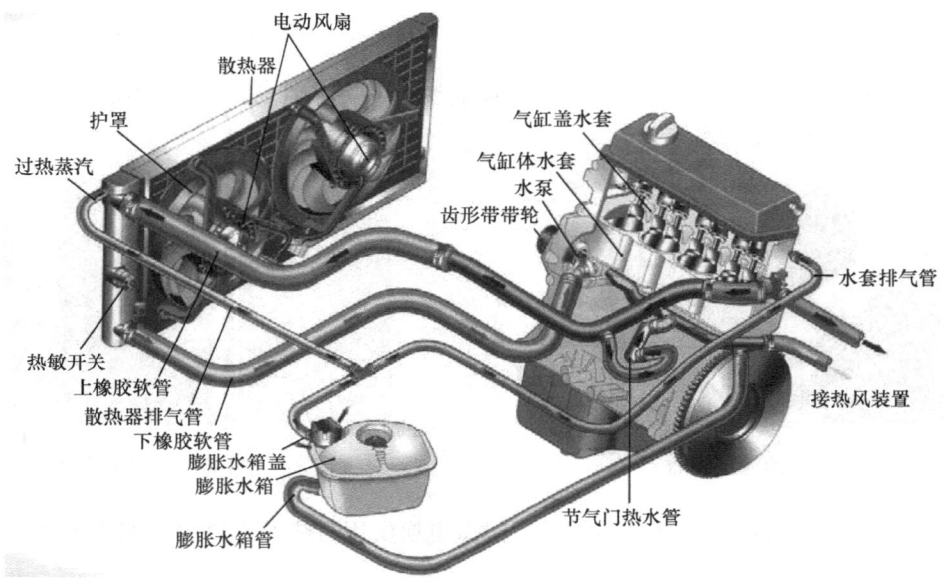

图 8-11 节温器的检查

图 8-12 AJR 型发动机冷却系统

（1）水泵的拆装与检修

① 将冷却液排放干净。

② 拆卸驱动 V 带，拆卸风扇电动机。

③ 拆下同步带的上、中防护罩。

④ 将曲轴调整到第 1 缸上止点位置。

⑤ 拆下凸轮轴上的同步带，但不必拆下曲轴带轮。保持同步带在曲轴同步带带轮上的位置。

⑥ 旋下紧固螺栓，拆下同步带后防护罩。

⑦ 旋下水泵紧固螺栓，小心地拉出水泵总成，如图 8-13 所示。

⑧ 取下 O 形密封圈。

对水泵进行检查，如壳体有裂纹、水封损坏、轴承松旷，则更换。

安装水泵的顺序与拆卸顺序基本相反，安装时注意：

① 水泵壳直接铸在气缸体上，拆下的只是水泵叶轮总成。
② 必须更换衬垫及O形密封圈。更换时，需清洁密封圈的密封表面，用冷却液浸湿。
③ 安装水泵，罩壳上的凸耳朝下。
④ 拧紧水泵螺栓至15N·m。

（2）节温器的检修
① 排放冷却液。
② 拆卸V带，拆卸发电机。
③ 从连接体上拆下冷却液管。
④ 松开螺栓，取出节温器盖、O形密封圈和节温器，如图8-14所示。

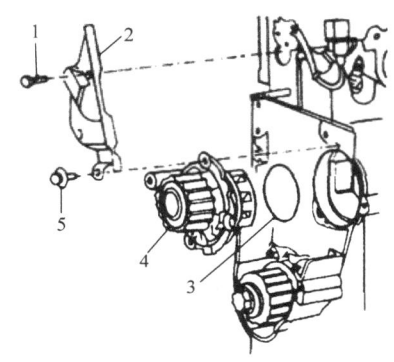

图8-13 拆卸水泵
1、5—螺栓 2—同步带后防护罩
3—O形密封圈 4—水泵

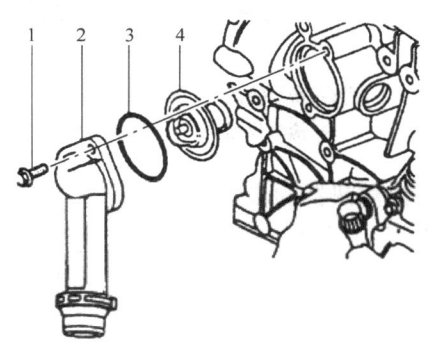

图8-14 拆下节温器
1—螺栓 2—节温器盖
3—O形密封圈 4—节温器

⑤ 在水中加热节温器，观察节温器阀门开启温度和升程。节温器开始打开时温度为（87±2）℃，结束打开时温度约为120℃，节温器最大升程约为8mm。
⑥ 清洁O形密封圈的密封表面。
⑦ 安装节温器，节温器的感温部分必须在气缸体内。
⑧ 用冷却液浸湿新的O形密封圈。
⑨ 拧紧螺栓，安装发电机。

（3）热敏开关的检查 将热敏开关放入水中，逐渐加热。用万用表电阻档测量热敏开关接线端与外壳间的电阻。当水温达93~98℃时，开关应导通；当水温下降至88~93℃时，电阻应为无穷大，否则，热敏开关损坏。

（4）散热器的检查与更换 散热器是冷却系统进行热量交换的场所，是一个热交换器。散热器盖严密地盖在冷却液加注口上，使冷却系统成为一个封闭系统。

可按以下步骤进行散热器的检查：
① 检查散热器外观有无破损、腐蚀和漏液等现象，如图8-15所示。
② 将散热器检测仪器装在散热器盖口（或膨胀水箱盖口）上，如图8-16所示，用手泵对散热器施以0.1MPa

图8-15 散热器外观检查

的压力，如果压力下降，即表明系统有渗漏。找出渗漏处，排除故障。

③ 将散热器检测仪器装在散热器盖上，如图 8-17 所示。用手泵使压力上升，当压力为 0.12~0.15MPa 时，限压阀应处于开放状态。若不符合以上要求，应更换散热器盖。

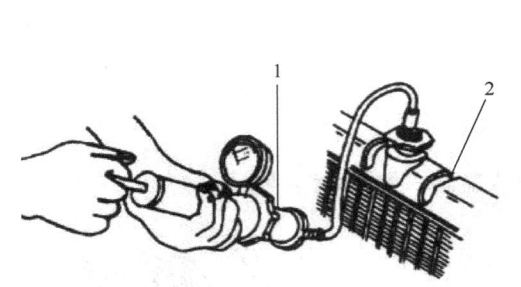 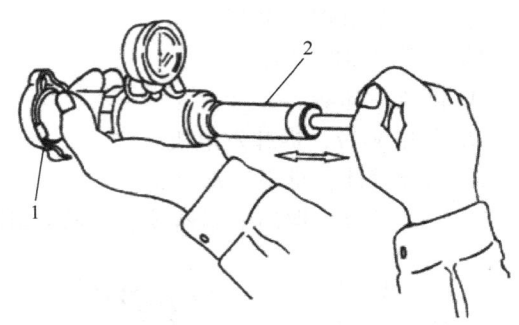

图 8-16 散热器渗漏的检查　　　　　　　图 8-17 散热器盖的检查
1—检测仪器　2—散热器　　　　　　　　1—散热器盖　2—检测仪器

更换散热器的步骤如下：
① 松开冷却液管上的卡箍，拔下散热器的冷却液软管。
② 拔下位于冷却风扇罩壳上的热敏开关插头。为防止损坏冷凝器及制冷剂管路，不要压迫、扭曲及弯曲制冷剂管路。
③ 将冷却风扇连同罩壳一起拆下。
④ 拆下散热器。

安装散热器时，以拆卸的相反顺序进行。

四、注意事项

（1）穿着合体的工作服。
（2）不得擅自动用与实验无关的其他设备。
（3）发动机运转时注意人身安全，手、衣服、工具等应远离传动带及旋转部件。
（4）应在发动机降温后拧开散热器盖或膨胀水箱盖，以防冷却液喷溅而烫伤。
（5）拆下的零部件做好标记并按顺序摆放，以防零部件漏装、错装。
（6）所有螺栓必须按要求拧紧力矩拧紧。

实训工单 10　冷却系统的拆装与检修

班级：_____　组长：_____　组员：_____

发动机型号：_____

操作要点（需在□、空格等处进行正确的填写）
1. 水泵的拆装与检修 ① 从发动机上取下水泵总成，拆下水泵叶轮□，压出水泵轴和轴承□，压出水封、油封□，拆下密封圈□，拆下节温器□。 　对于 AJR 型发动机，水泵壳直接铸在_____上，拆下的只是水泵_____总成。 ② 检查水泵，壳体_____（有、无）裂纹、水封_____（有、无）损坏、轴承_____（是、否）松旷。 　检修结论：_____。 ③ 按与拆卸相反的顺序安装水泵，更换所有衬垫及密封圈□。 AJR 型发动机需拧紧水泵螺栓至_____。 2. 节温器的检修 将节温器置于热水中，观察温度变化时节温器的动作（阀门开启温度和升程）□。 　AFE 型发动机当水温为（87±2）℃时，节温器应开始_____，实测结果为_____；水温达（102±3）℃时，节温器阀门升程应_____，实测结果为_____。 　AJR 型发动机节温器开始打开时温度约为_____℃，结束打开时温度约为_____℃，节温器最大升程约为_____mm，实测结果为_____、_____、_____。 　检修结论：_____。 3. 热敏开关的检查 ① 将热敏开关放入水中，逐渐加热□。 ② 测量热敏开关接线端与外壳间的电阻□。 当水温达 93~98℃时，开关应_____，实测结果为_____；当水温下降至 88~93℃时，电阻应为_____，实测结果为_____。 　检修结论：_____。 4. 散热器的检查与更换 ① 将散热器检测仪器装在散热器盖口（或膨胀水箱盖口）上□。 用手泵对散热器施以 0.1MPa 的压力，观察压力_____（是、否）下降。 ② 将散热器检测仪器装在散热器盖或排水口盖上□。 用手泵使压力上升至 0.12~0.15MPa，观察限压阀_____（是、否）处于开放状态。 ③ 松开冷却液管上的卡箍，拔下散热器的冷却液软管□。 拔下位于冷却风扇罩壳上的热敏开关插头，将冷却风扇连同罩壳一起拆下□。 拆下散热器□。 以拆卸的相反顺序安装散热器□。

考核评分表 10　冷却系统的拆装与检修

班级：_____组长：_____组员：_____

考核时间：30min

项目	配分	评分标准	扣分	得分
工量具使用	15	工量具选择不当、使用错误，每次扣 1～2 分，扣分不超过 8 分		
		造成工量具损坏，扣 3～7 分		
拆装与检修过程	65	检修前，没有排放冷却液，扣 5 分		
		拆装水泵方法不当，造成叶轮损坏，扣 3～8 分		
		检查水泵方法不当或结果错误，扣 3～7 分		
		安装水泵时，没有更换所有衬垫及密封圈，扣 5 分		
		拆卸节温器方法不当，扣 3～5 分		
		检查节温器阀门开启温度和升程方法不当或结果错误，扣 5～10 分		
		热敏开关的检查方法不当或结果错误，扣 5 分		
		散热器的检修与更换方法不当或结果错误，扣 5～10 分		
		有零部件漏装，扣 10 分		
工单填写	15	填写不完整，每处扣 2 分，扣分不超过 10 分		
		结论不正确，扣 5 分		
整理清场	5	没有整理工具、清理现场，扣 2～5 分		
小计				
成绩评定				

考核教师签名：

项目9 空气供给系统的拆装与检修

一、实训目标
(1) 掌握空气供给系统的结构组成、工作原理及主要零部件的装配关系。
(2) 掌握空气滤清器、节气门体等零部件的拆装步骤、技术要求及检修方法。

二、实训设备与工具
(1) 桑塔纳 2000GSi（或 2000GLi）实车。
(2) 带拆装翻转架且可正常运行的桑塔纳 2000－AJR（或 AFE）型发动机。
(3) 汽车维修常用拆装工具与大众轿车专用拆装工具。
(4) 高压气枪及空气压缩机、节气门专用清洁剂、故障诊断仪 VAG1552 等。
(5) 零部件存放台。

三、实训内容与步骤

空气供给系统功用是为发动机可燃混合气的形成提供必需的空气，并测量出进入气缸的空气量，主要由空气滤清器、空气流量传感器（或进气歧管压力传感器）、节气门体、节气门位置传感器、进气总管、进气歧管、怠速控制装置等组成。

桑塔纳 AFE 型发动机采用 D 型电控燃油喷射系统，进气歧管压力传感器与稳压箱相连，通过检测进气歧管压力间接测量进入气缸的空气流量。空气供给系统设有旁通气道，怠速时由怠速控制阀控制进气量，如图 9-1 所示。

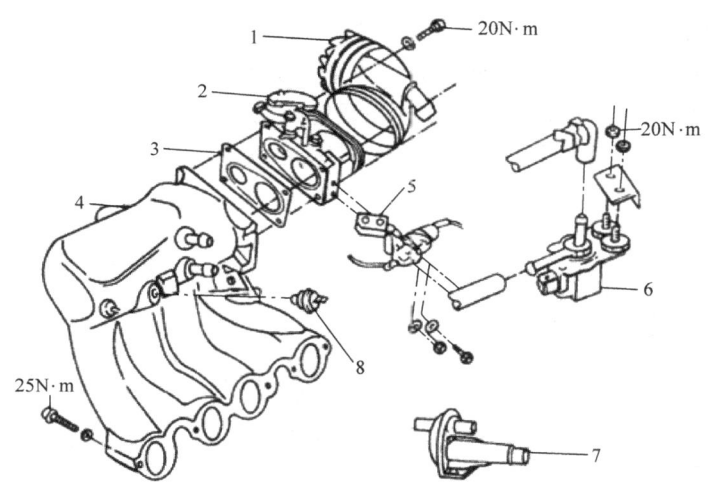

图 9-1 AFE 型发动机空气供给系统
1—进气连接臂 2—节气门体 3—衬垫 4—进气歧管 5—节气门位置传感器
6—怠速控制阀 7—附加空气滑阀 8—热起动节流器

桑塔纳 AJR 型发动机采用 L 型电控燃油喷射系统，由空气流量传感器直接检测进入气缸的空气流量。空气供给系统不设旁通气道，取消了节气门位置传感器及怠速调节装置，由节气门控制组件(主要由节气门定位电位计、节气门电位计、急速开关、节气门定位器等组成)取代了节气门体,采用的是节气门直动式急速控制方式。其空气供给系统如图9-2所示,图9-3所示为空气供给系统在实车上的布置情况。

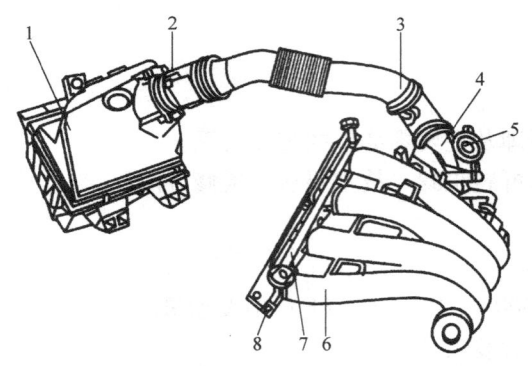

图9-2 AJR型发动机空气供给系统
1—空气滤清器 2—空气流量传感器 3—进气管
4—节气门控制组件 5—节气门操纵臂 6—进气歧管
7—燃油分配管 8—油压调节器

图9-3 AJR型发动机空气供给系统在实车上的布置

1. 空气供给系统的拆卸

(1) 空气滤清器、进气管的拆卸 AJR型发动机空气滤清器、进气管的拆卸过程如下:

① 拧松进气软管两端的卡箍。
② 拔下进气软管和曲轴箱通风管,如图9-4所示。
③ 拔下空气流量传感器的导线插接器。
④ 用专用扳手拆下空气流量传感器固定螺栓,从空气滤清器上向后取下空气流量传感器。
⑤ 拔下活性炭罐电磁阀的导线插接器,拔下与活性炭罐相连的真空管,从空气滤清器侧面拔下活性炭罐电磁阀连接管,取下活性炭罐电磁阀。
⑥ 如图9-5所示,拆下空气滤清器上盖,取出空气滤清器滤芯。图9-6、图9-7所示分

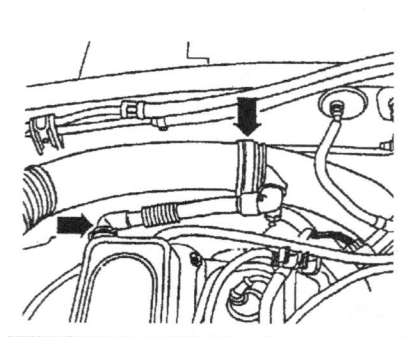

图9-4 拔下进气软管和曲轴箱通风管

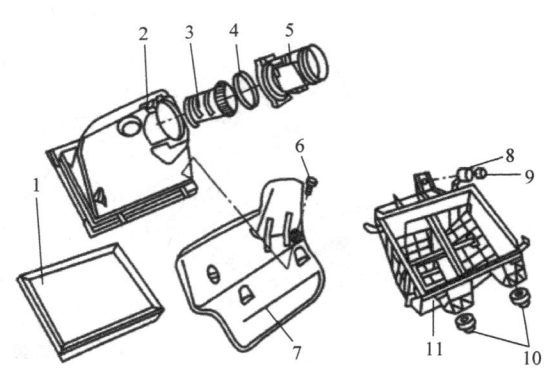

图9-5 拆卸AJR型发动机空气滤清器
1—滤芯 2—滤清器盖 3—空气管 4—卡箍
5—空气流量传感器 6—螺栓 7—隔热板 8—橡胶套
9—隔套 10—垫块 11—滤清器体

别为已拆开的空气滤清器及其内部结构。

图 9-6 已拆开的空气滤清器

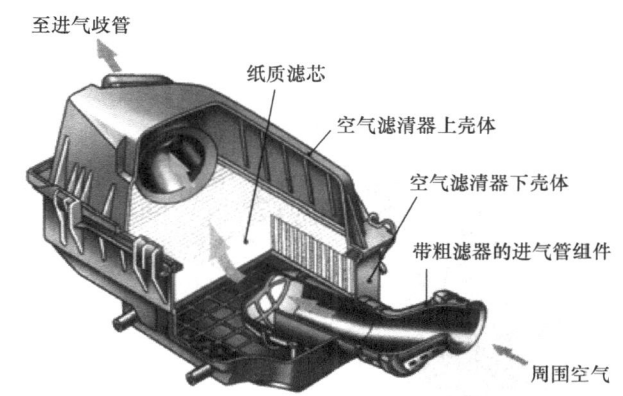

图 9-7 空气滤清器内部结构

⑦ 拆下滤清器壳体固定螺栓，取下隔套和橡胶套，拆下隔热板，拆下滤清器体，取下垫块。

AFE 型发动机空气供给系统设有旁通气道，怠速时由怠速控制阀控制进气量，间接测量进气流量的进气歧管压力传感器与稳压箱相连。空气滤清器、进气管的拆卸如图 9-8 所示。

① 从进气软管上拔下通向怠速控制阀的进气软管和曲轴箱废气循环管。
② 松开卡箍，将进气软管与节气门体脱开，从空气滤清器盖上拔下进气软管。
③ 从空气滤清器上拆除通向节气门体及通向真空控制阀的真空软管的接头。
④ 拔下活性炭罐电磁阀的导线插接器，拔下与活性炭罐相连的真空管，拔下活性炭罐电磁阀连接管，取下活性炭罐电磁阀。
⑤ 扳下固定空气滤清器盖的 8 个弹性夹，拆下空气滤清器盖，取出滤芯。
⑥ 松开卡箍，拆下热空气软管。
⑦ 拔掉进气歧管压力传感器上的进气管，再拧松紧固螺栓，拆下进气歧管压力传感器，拆下法兰和法兰垫片。
⑧ 拧松螺栓，拆下怠速控制阀、密封垫片和怠速控制阀座，拆下支架。

（2）节气门体的拆卸　如图 9-9 所示，AJR 型发动机节气门体的拆卸过程如下：
① 拆下曲轴箱通风管。
② 拆下气缸盖后的小软管。
③ 拆下气缸盖后冷却液管凸缘和上冷却液管之间的冷却液软管。
④ 拆下上冷却液管与散热器之间的冷却液软管。
⑤ 拔下真空助力器真空管。
⑥ 拔下进气温度传感器的导线插接器，拆下进气温度传感器。
⑦ 如图 9-10 所示，从节气门体上拆下节气门控制拉索，拆下节气门拉索支架。
⑧ 拔下节气门体的导线插接器。
⑨ 从节气门体上拆下两根冷却液旁通管。
⑩ 拆下节气门体与进气管的连接螺栓，取下节气门控制组件及密封衬垫。取下的节气

门控制组件如图 9-11 所示。

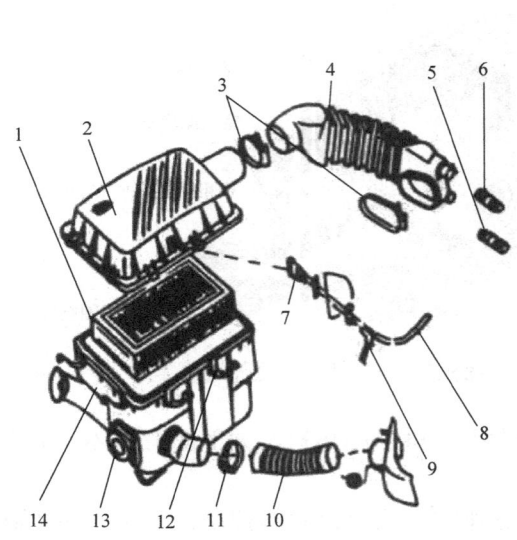

图 9-8　拆卸 AFE 型发动机空气滤清器
1—滤芯　2—空气滤清器上盖　3、11—卡箍
4—进气软管　5—通向怠速控制阀的进气软管
6—曲轴箱废气循环管　7—接头
8—真空软管（通向节气门体）
9—真空软管（通向真空控制阀）
10—热空气软管（连接空气导流板和空气滤清器）
12—弹性夹　13—真空控制阀　14—空气滤清器下体

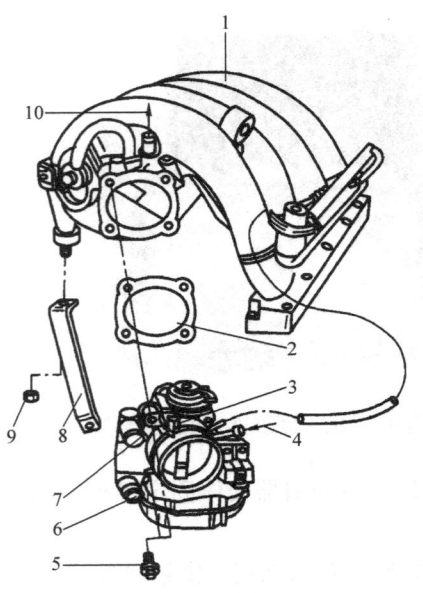

图 9-9　AJR 型发动机节气门体的拆卸
1—进气歧管　2—密封垫　3—节气门体
4—通活性炭罐电磁阀真空管接头　5—螺栓
6—水管接头 1　7—水管接头 2　8—支架
9—螺母　10—通真空助力器真空管接头

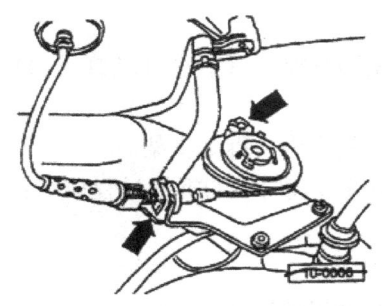

图 9-10　拆下节气门控制拉索

图 9-11　拆下的节气门控制组件

AFE 型发动机节气门体位于空气滤清器与稳压箱之间，节气门体上装有旁通气道，在怠速通道中设置了可以改变通道截面积的旋转滑阀式怠速控制阀，如图 9-1 所示。拆卸节气门时，先拆下节气门位置传感器固定螺栓，拆下节气门位置传感器。再拆下节气门体固定螺栓，拆下节气门体及节气门垫片。

（3）进气歧管的拆卸

① 如图 9-12 所示，拔下各缸喷油器上的导线插接器，从燃油分配管上拆下各缸喷

油器。

② 拔下各缸的高压分缸线。

③ 拆下进气歧管支架的紧固螺栓。

④ 拆下进气歧管和气缸盖之间的连接螺栓和螺母，拆下进气歧管及密封衬垫。图 9-13 所示为拆下的进气歧管。

对于 AJR 型发动机，还要从进气管上拆下点火线圈总成。

2. 空气供给系统的检修

（1）空气滤清器的检查　取出空气滤清器滤

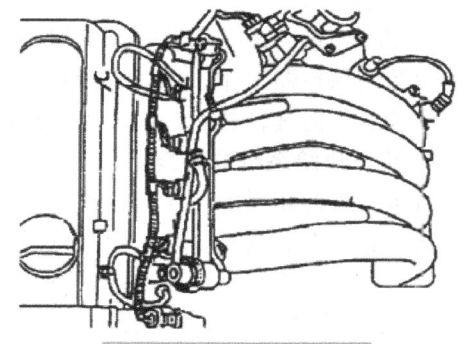

图 9-12　拆下各缸喷油器

芯，用抹布蘸汽油擦拭空气滤清器壳内、外部。检查滤芯污染的程度并进行清洁。当滤芯积存有干燥的灰尘时，可用压力不高于 500kPa 的压缩空气，从滤芯内侧开始，上下均匀地沿斜角方向吹净滤芯内外表面的灰尘。如果没有压缩空气，可用螺钉旋具柄轻轻敲打滤芯，再用毛刷刷净外部污垢。如果发现滤芯损坏，应更换。

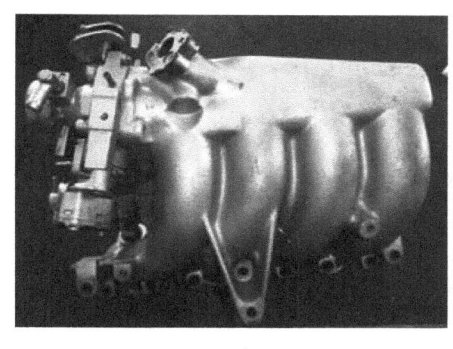
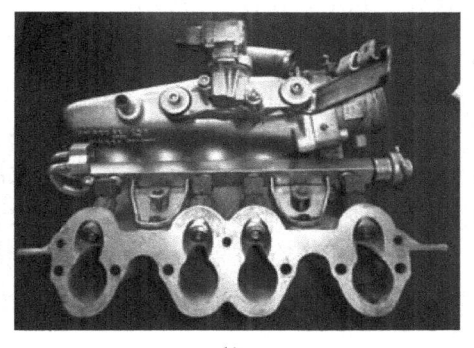

a)　　　　　　　　　　　　　　　b)

图 9-13　进气歧管总成

a）正面　b）背面

（2）进气管的检查　检查进气管是否存在破损和变形。检查进气管连接是否可靠。

（3）节气门的检查

① 节气门体的检查。检查节气门拉索连接是否正常。用手转动节气门，观察节气门是否有卡滞或脏堵。如发现节气门存在脏堵现象，需要拆下节气门总成，转动节气门轴，用专用清洁剂清除节气门体内部的油污、胶质、积炭和其他杂质。节气门轴及节气门体与进气管连接处，均有塑胶密封圈或垫，总成拆装后，应严格检查这些密封件的可靠性，有必要时应更换。

② 节气门的基本设定。AJR 型发动机节气门控制组件壳体内安装有节气门定位电位计、节气门电位计、怠速开关、节气门定位器等，在拆下再装复或更换过之后，需要对节气门进行基本设定，完成节气门控制组件与发动机控制单元的匹配。基本设定由大众专用故障诊断仪 VAG1552 来完成，在连接 VAG1552 后，输入"01"进入发动机电子控制系统，再输入"04 基本设定功能"并按 Q 键确认，最后输入"98 显示组"并按 Q 键确认，VAG1552 将自动完成基本设定。

（4）怠速控制阀的检查　AFE 型发动机空气供给系统设有旁通气道，怠速时由怠速控制阀控制进气量，需要用故障诊断仪检查怠速控制执行器是否处于正常的工作范围。如果发现怠速控制执行器工作不良，需拆卸检查并在怠速控制执行器直立状态下向进气口喷 2~3 次清洁剂进行清洗，然后，用干净的抹布擦拭干净。

3. 空气供给系统的装复

可按与拆卸相反的顺序装复进气歧管，装复节气门体，装复空气滤清器、空气流量传感器、进气管，在装复过程中，应注意以下问题：

① 装复进气歧管时，需用 20N·m 的力矩拧紧进气歧管连接螺母。

② 进气歧管密封衬垫凸起的一面朝向进气歧管。

③ 装复密封衬垫及节气门体时，需用 20N·m 的力矩拧紧节气门体连接螺栓。

④ 在拧紧 AJR 型发动机空气流量传感器固定螺栓时必须用专用扳手，不能用其他扳手代替，以免损坏固定螺栓。

⑤ 对于 AFE 型发动机来说，将节气门位置传感器装在节气门体上后先不要旋紧两个螺钉，使节气门全关闭，再移动节气门位置传感器，直至刚听到"喀、喀"声，再移动节气门位置传感器，并固定在这一位置上。

四、注意事项

（1）穿着合体的工作服。

（2）不得擅自动用与实验无关的其他设备。

（3）发动机运转时注意人身安全，手、衣服、工具等应远离传动带和旋转部件。

（4）拆下的零部件做好标记并按顺序摆放，以防零部件漏装。

（5）搞清进气管、气缸盖上各软管的连接，不要装错和漏装。

（6）所有螺栓必须按要求拧紧力矩拧紧。

实训工单11 空气供给系统的拆装与检修

班级：_____ 组长：_____ 组员：_____
发动机型号：_____

操作要点（需在□、空格等处进行正确的填写）

1. 空气供给系统拆卸
（1）空气滤清器、进气管的拆卸。
AFE 型发动机通过_____传感器检测_____间接测量进入气缸的空气流量，设有_____，怠速时由_____控制进气量。
AJR 型发动机由_____直接检测进入气缸的空气流量，不设_____，采用的是_____怠速控制方式。
① 拔下进气软管□。
② 拔下空气流量传感器（进气歧管压力传感器）的导线插接器，拆下空气流量传感器（进气歧管压力传感器）□。
③ 拔下活性炭罐电磁阀的导线插接器，取下活性炭罐电磁阀□。
④ 拆空气滤清器上盖，取出空气滤清器滤芯□。
⑤ 拧松螺栓，拆下怠速控制阀（AFE 型发动机）□。
（2）节气门体的拆卸。
AFE 型发动机节气门体位于空气滤清器与稳压箱之间，节气门体上装有_____，设置了旋转滑阀式_____。AJR 型发动机由_____取代了节气门体。
① 拔下节气门体的导线插接器□。
② 拆下节气门体与进气管的连接螺栓，取下节气门控制组件及密封衬垫□。
拆下节气门位置传感器固定螺栓，拆下节气门位置传感器。再拆下节气门体固定螺栓，拆下节气门体及节气门垫片（AFE 型发动机）□。
（3）进气歧管的拆卸
① 拔下各缸喷油器上的导线插接器，从燃油分配管上拆下各缸喷油器□。
② 拔下各缸的高压分缸线□。
③ 拆下进气歧管支架的紧固螺栓□。
④ 拆下进气歧管和气缸盖之间的连接螺栓和螺母，拆下进气歧管及密封衬垫□。
⑤ 从进气管上拆下点火线圈总成□。
2. 空气供给系统的检修
① 检查滤芯_____（是、否）损坏□。检查滤芯污染的程度并进行清洁□。
② 检查进气管_____（是、否）破损和变形□。检查进气管连接_____（是、否）可靠。
③ 检查节气门拉索连接_____（是、否）正常。用手转动节气门，观察节气门_____（是、否）有卡滞或脏堵□。用专用清洁剂清除节气门体内部的油污、胶质、积炭和其他杂质□。
④ 用 VAG1552 完成节气门的基本设定（AJR 型发动机）□。
用 VAG1552 检查怠速控制执行器是否处于正常的工作范围（AFE 型发动机）□。
3. 空气供给系统的装复
按与拆卸相反的顺序装复进气歧管□，装复节气门体□，装复空气滤清器、空气流量传感器、进气管□。
① 装复进气歧管时，需用_____N·m 的力矩拧紧进气歧管连接螺母。
② 进气歧管密封衬垫凸起的一面朝向_____。
③ 装复密封衬垫及节气门体时，需用_____N·m 的力矩拧紧节气门体连接螺栓。

考核评分表 11　空气供给系统的拆装与检修

班级：_____　组长：_____　组员：_____

考核时间：30min

项目	配分	评分标准	扣分	得分
工量具使用	15	工量具选择不当、使用错误，每次扣 1~2 分，扣分不超过 8 分		
		造成工量具损坏，扣 3~7 分		
拆装与检修过程	65	空气滤清器、进气管的拆装方法不当，扣 3~10 分		
		节气门体的拆装方法不当，扣 3~10 分		
		进气歧管的拆装方法不当，扣 3~10 分		
		空气滤清器的检查方法不当或结果错误，扣 3~8 分		
		进气管的检查方法不当或结果错误，扣 3~5 分		
		节气门体的检查方法不当或结果错误，扣 3~7 分		
		节气门的基本设定（或怠速控制阀的检查）方法不当或结果错误，扣 3~5 分		
		拆下的零部件没做标记、不按顺序摆放，扣 3~5 分		
		有零部件漏装，扣 5 分		
工单填写	15	填写不完整或错误，每处扣 1~2 分，扣分不超过 15 分		
整理清场	5	没有整理工具、清理现场，扣 2~5 分		
		小计		

成绩评定	
	考核教师签名：

项目 10　燃油供给系统的拆装与检修

一、实训目标
（1）掌握燃油供给系统的结构组成、工作原理及主要零部件的装配关系。
（2）掌握燃油泵、喷油器等零部件的拆装步骤、技术要求及检修方法。

二、实训设备与工具
（1）桑塔纳 2000GSi（或 2000GLi）型轿车实车。
（2）带拆装翻转架且可正常运行的桑塔纳 2000 AJR（或 AFE）型发动机。
（3）汽车维修常用拆装工具与大众轿车专用拆装工具。
（4）V. A. G1318、V. A. G1348/3A 及辅助接头、软管、导线，量杯，喷油器清洗检测仪等。
（5）零部件存放台。

三、实训内容与步骤

燃油供给系统的功用是向发动机及时供应各种工况下燃烧所需要的燃油。电控燃油喷射式燃油供给系统主要由燃油箱、燃油泵、燃油滤清器、回油管、油压调节器、喷油器等组成。

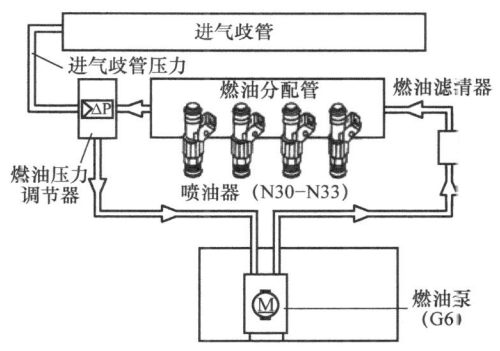

图 10-1　桑塔纳 AJR 型发动机燃油供给系统

桑塔纳 2000GSi AJR 型发动机燃油供给系统如图 10-1 所示，燃油泵固定在燃油箱底部，4 个喷油器和油压调节器安装在燃油分配管上。AFE 型发动机的燃油供给系统与此类似。

燃油是易燃品，为安全起见，在进行燃油供给系统的拆装与检修时，必须先释放燃油压力（即卸压），具体方法如图 10-2、图 10-3 所示：起动发动机，在发动机运转中拔下电动燃油泵熔断丝（图 10-4 中央继电器盒下端左起第 5 号熔丝），待发动机自行熄灭后，再起动发动机 2～3 次，燃油压力即可完全释放，然后关闭点火开关，再插上电动燃油泵熔断丝。

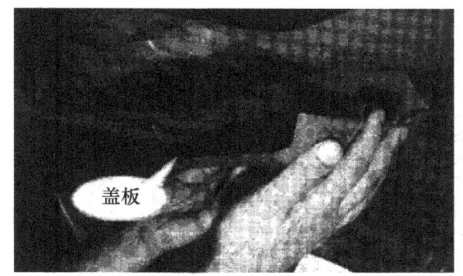

图 10-2　拆下仪表台左下方盖板

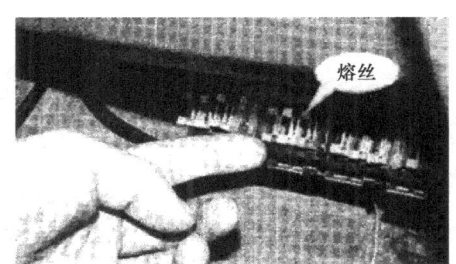

图 10-3　拔下第 5 号熔丝

1. 燃油泵的拆装与检修

（1）燃油泵的拆卸　燃油泵在油箱中的安装位置如图 10-5 所示。

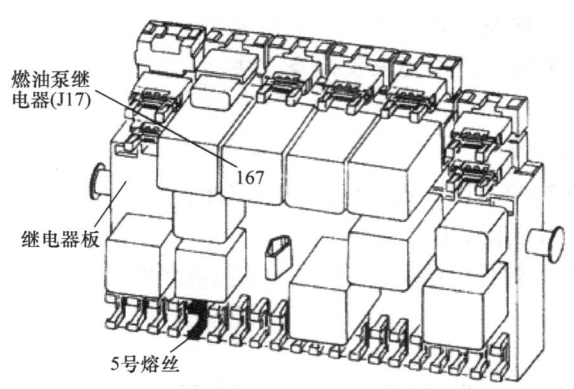

图 10-4 中央继电器盒

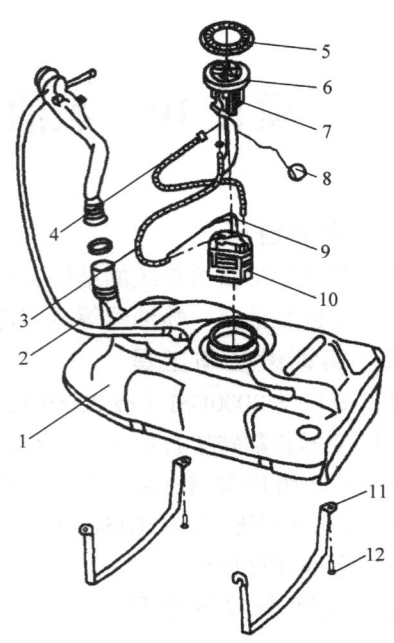

图 10-5 燃油箱及附件分解图

1—燃油箱 2—加油口通气管 3—回油管
（来自油压调节器） 4—进油管（接燃油滤清器）
5—塑料紧固螺母 6—燃油蒸气管（接活性炭罐）
7—密封凸缘 8—浮子 9—导线 10—燃油泵总成
11—燃油箱夹带 12—夹带螺栓

① 关闭点火开关，拔下蓄电池的搭铁线。

② 如图 10-6 所示，从密封凸缘上拔下进油管、回油管和通气管，拔下燃油泵导线插接器（需先用棉纱包住油管接头）。

③ 用专用工具旋下塑料紧固大螺母，如图 10-7 所示。

④ 从燃油箱开口处拉出密封凸缘和橡胶密封件。

⑤ 拔下密封凸缘内的油量传感器导线插接器。

⑥ 将专用工具插入到燃油泵 3 个拆装缺口内，旋松燃油泵，如图 10-8 所示。

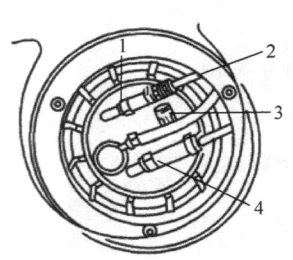

图 10-6 拆下管路及导线

1—回油管 2—通气管
3—导线接头 4—出油管

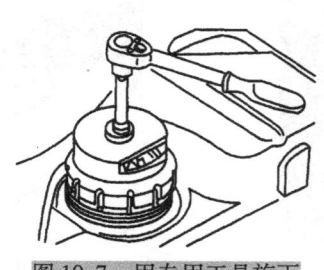

图 10-7 用专用工具旋下紧固大螺母

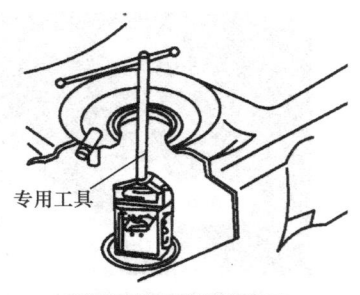

图 10-8 拆卸燃油泵

⑦ 从燃油箱内取出燃油泵。

（2）燃油泵的检修　燃油泵检修的主要内容是检查 30s 的泵油量。检查时，蓄电池电压、燃油泵熔丝、燃油滤清器应正常。

① 关闭点火开关，拔下燃油泵继电器。

② 用连接导线 V. A. G1348/3-2 将遥控器 V. A. G1348/3A 接到燃油泵继电器插座中至燃油泵的端子上，把遥控器接线夹夹到蓄电池正极上。

③ 用棉纱包住燃油分配管与进油管的接头，从燃油分配管上拔下进油管。

④ 用 V. A. G1318/12 和 V. A. G1318/11 将压力测试仪 V. A. G1318 连接到燃油供油管和软管 V. A. G1318/1 之间，软管 V. A. G1318/1 的出口置于一量杯中，如图 10-9 所示。

⑤ 打开压力测试仪上的截止阀，使其接通。

⑥ 操作遥控器 V. A. G1348/3A，缓慢关上截止阀，直到压力表上显示 0.3MPa 的压力，然后保持这一位置。

⑦ 将遥控器接通 30s，泵油量应大于 580mL。

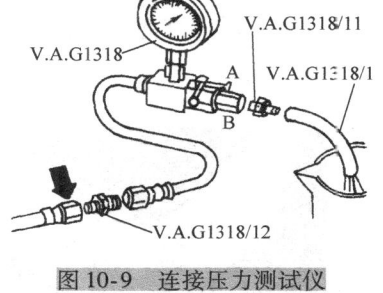

图 10-9　连接压力测试仪

（3）燃油泵的安装

① 将从密封凸缘下引出的进油管、回油管、通气管及燃油泵导线插接器插到燃油泵上，并保证连接可靠。

② 将燃油泵总成插入燃油箱内。

③ 用专用工具将燃油泵拧紧在燃油箱底部的固定位置上。

④ 在燃油箱开口处安装好橡胶密封圈。

⑤ 将密封凸缘连同浮子总成插入燃油箱，并压装到底。

⑥ 用专用工具拧紧塑料紧固大螺母。

⑦ 分别将进油管、回油管和通气管插到密封凸缘上，插上燃油泵导线插接器。

⑧ 安装燃油箱密封凸缘的盖板。

注意：安装橡胶密封圈时，用燃油将橡胶密封圈湿润。安装密封凸缘时，必须使密封凸缘上的箭头对准燃油箱上的箭头，如图 10-10 所示。

2. 燃油滤清器的更换

① 松开燃油滤清器托架紧固螺栓，取下燃油滤清器托架。

② 如图 10-11 所示，用十字槽螺钉旋具松开进、出油管接头卡箍，用棉纱包住燃油滤清器的进、出油管接头，拔下进、出油管。

③ 如图 10-12 所示，将燃油滤清器连同支架一起取下。从支架中取出燃油滤清器时，如图 10-13 所示，应用手按压，不能采用金属器具敲击，以防产生火花。

④ 装上新的燃油滤清器。注意：汽油滤清器外壳上标有两个箭头（一个是燃油流入箭头，另一个是燃油流出箭头，图 10-14），用以表明燃油经过汽油滤清器时的流向，更换时切勿装反。

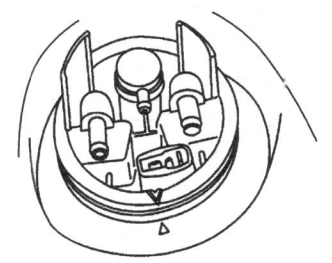

图 10-10　密封凸缘与燃油箱上的箭头标识

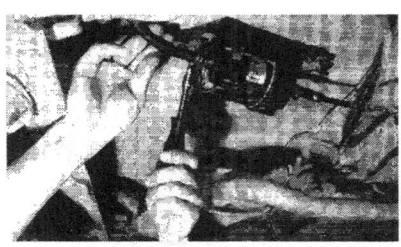
图10-11 松开进、出油管接头卡箍

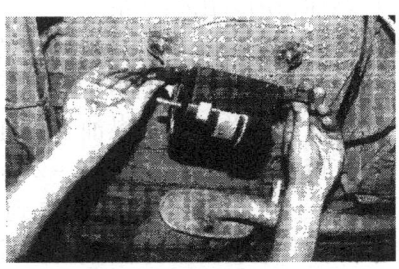
图10-12 取下燃油滤清器及支架

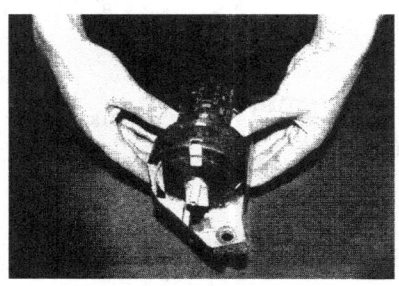
图10-13 从支架中取出燃油滤清器

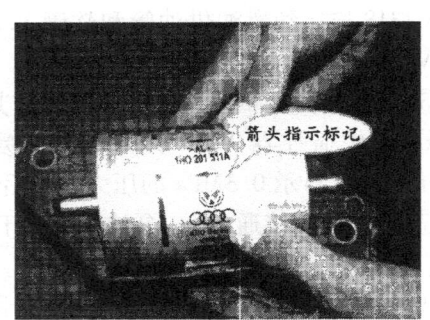
图10-14 汽油滤清器外壳上的箭头

⑤ 分别插上燃油滤清器的进、出油管,夹紧油管卡箍。
⑥ 装上燃油滤清器托架,拧紧燃油滤清器托架紧固螺栓。

3. 油压调节器的拆装

油压调节器的安装位置如图10-15所示。

① 从油压调节器上拔下真空软管,如图10-16所示。

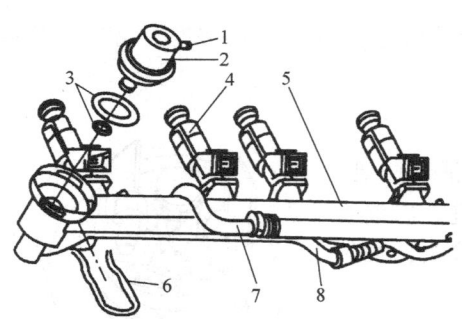
图10-15 油压调节器的安装位置
1—真空管接头 2—油压调节器 3—O形密封圈
4—喷油器 5—燃油分配管 6—卡簧
7—进油管 8—回油管

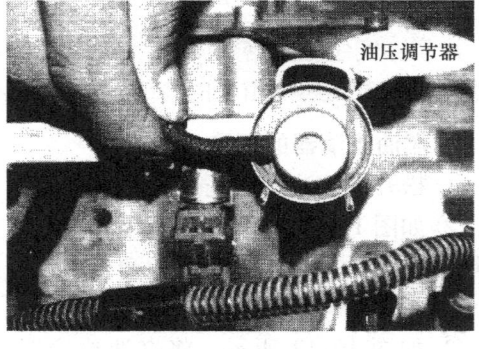
图10-16 拔下真空软管

② 用尖嘴钳拆下油压调节器卡簧。
③ 取下油压调节器,从油压调节器上取下2只O形密封圈。

安装时，按以下步骤进行：

① 将 2 只 O 形密封圈装到新的油压调节器上。

② 将油压调节器装到燃油分配管上。

③ 用尖嘴钳卡上油压调节器卡簧。

④ 将真空软管插到油压调节器上。

4. 喷油器的拆装与检修

喷油器的安装位置如图 10-17 所示。

（1）喷油器的拆卸

① 拔下喷油器上的导线插接器（图 10-18）。

② 松开燃油分配管上的进油管和回油管（图 10-19）。

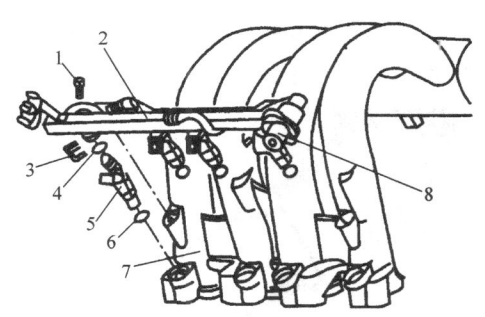

图 10-17　喷油器的安装位置

1—固定螺栓　2—燃油分配管　3—卡簧
4、6—O 形密封圈　5—喷油器　7—进气歧管
8—油压调节器

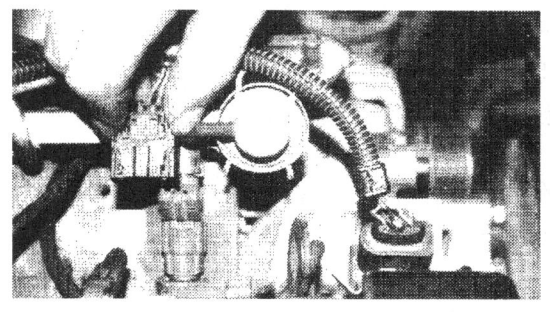

图 10-18　拔下喷油器上的导线插接器

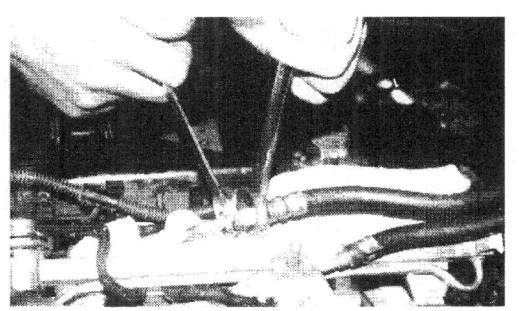

图 10-19　松开进油管和回油管

③ 用手转动喷油器，使之在承孔内变得松动以便于拆卸（图 10-20）。

④ 拆下燃油分配管与进气歧管的固定螺栓，将燃油分配管连同喷油器一起拆下（图 10-21）。

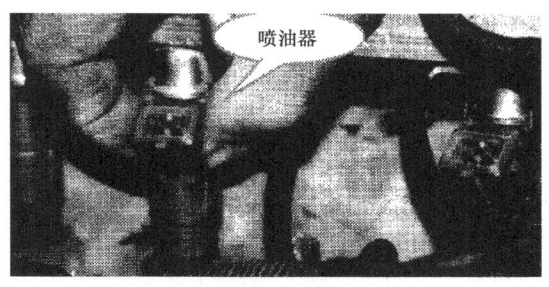

图 10-20　转动喷油器

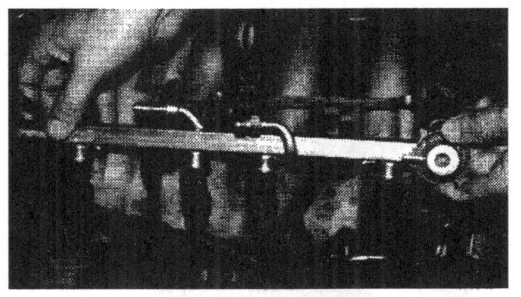

图 10-21　拆下燃油分配管及喷油器

⑤ 用尖嘴钳拔下喷油器卡簧，从拆下燃油分配管上拔下喷油器（图 10-22）。

⑥ 分别从喷油器和进气歧管上取下 O 形密封圈。

⑦ 用干净的棉纱堵住喷油器座孔，用堵头堵塞进油口和出油口（图 10-23），防止砂尘、杂物等进入油管或掉入气缸。

（2）喷油器的清洗与测试　喷油器清洗检测仪除了可对喷油器进行超声波清洗外，还可模拟发动机的各种工况，进行喷油器的均匀性/雾化性检测、密封性测试、喷油量检测等，操作简单、安全可靠。

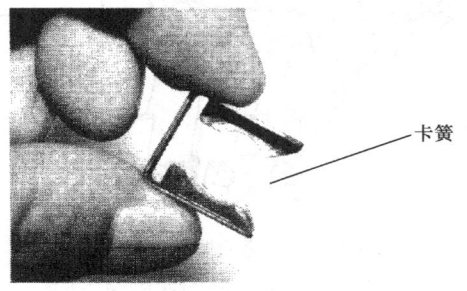 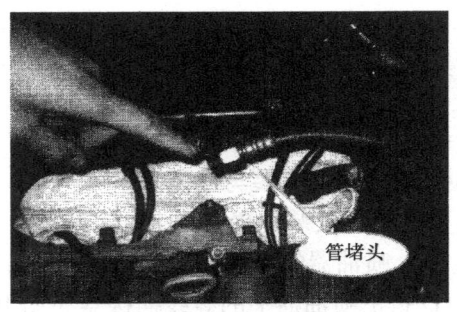

图 10-22　拔下喷油器卡簧　　　　图 10-23　堵住喷油器座孔、进油口和出油口

① 将喷油器清洗检测仪上的驱动线插头依次插入喷油器插孔中，将喷油器放入清洗槽内的清洗支架孔位上，按选择键，超声波清洗开始。

② 将喷油器固定在喷油器清洗检测仪支架上，旋紧锁紧杆。

③ 按选择键进行均匀性/雾化性检测，检查喷射形状，所有喷射形状应相同，都是小于 35°的圆锥雾状。

④ 按选择键进行密封性检测，每个喷油器在 1min 内滴油 1～2 滴视为合格。

⑤ 按选择键进行喷油量检测，30s 喷油量应为 78～85mL。

（3）喷油器的装复

① 如图 10-24 所示，在喷油器的 O 形密封圈上涂抹一薄层机油。

② 如图 10-25 所示，将喷油器插到燃油分配管上，左右转动喷油器，使喷油器装配到位，并使喷油器导线插座朝外。

③ 用尖嘴钳卡上喷油器卡簧，依次装入各喷油器。

④ 在进气歧管相应位置上装上 O 形密封圈。

⑤ 将喷油器连同燃油分配管装到进气歧管上。

⑥ 以 20N·m 的力矩拧紧燃油分配管与进气歧管的固定螺栓。

⑦ 分别插上喷油器的导线插接器。

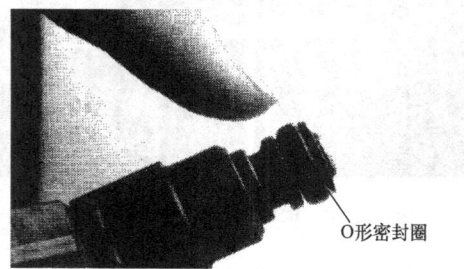 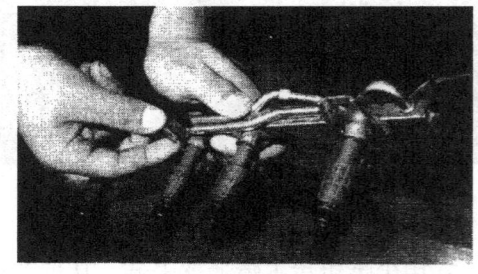

图 10-24　在密封圈上涂抹一薄层机油　　　　图 10-25　将喷油器插到燃油分配管上

四、注意事项

（1）穿着合体的工作服。

（2）不得擅自动用与实验无关的其他设备。

（3）发动机运转时注意人身安全，手、衣服、工具等应远离传动带等旋转部件。

（4）在进行燃油供给系统的拆装与检修时，必须先释放燃油压力（即卸压）。

（5）拆卸燃油泵时，必须断开点火开关，拔下蓄电池的搭铁线，以免引起火灾。

（6）拆卸各管路或燃油滤清器前，必须搞清各管路的连接位置及流向，注意观察燃油滤清器上油管接头的流向标记，以免装错。

（7）拆下的零部件做好标记并按顺序摆放，以防零部件漏装。

（8）所有螺栓必须按要求拧紧。

实训工单 12　燃油供给系统的拆装与检修

班级：_____ 组长：_____ 组员：_____
发动机型号：_____

操作要点（需在□、空格等处进行正确的填写）

1. 燃油泵的拆装与检修
① 断开点火开关，拔下蓄电池的搭铁线□。
② 从密封凸缘上拔下进油管、回油管和通气管，拔下燃油泵导线插接器□。
③ 从燃油箱内取出燃油泵□。
④ 连接检测设备，检查燃油压力为 0.3MPa 时燃油泵 30s 的泵油量，应大于_____ mL，实测结果为_____ mL。
⑤ 将进油管、回油管、通气管及燃油泵导线插接器插到燃油泵上□。
⑥ 将燃油泵总成插入燃油箱内□。
⑦ 将密封凸缘连同浮子总成插入燃油箱，并压装到底□。
⑧ 分别将进油管、回油管和通气管插到密封凸缘上，插上燃油泵导线插接器□。
安装密封凸缘时，必须使密封凸缘上的箭头对准燃油箱上的_____。

2. 燃油滤清器更换
① 用十字槽螺钉旋具松开进、出油管接头卡箍，用棉纱包住燃油滤清器的进、出油管接头，拔下进、出油管□。
② 取下燃油滤清器□。
③ 装上新的燃油滤清器（外壳上的两个箭头，一个是_____，另一个是_____，切勿装反）□。
④ 分别插上燃油滤清器的进、出油管，夹紧油管卡箍□。

3. 油压调节器的拆装
① 从油压调节器上拔下真空软管□。
② 用尖嘴钳拆下油压调节器卡簧，取下油压调节器□。
③ 将 2 只 O 形密封圈装到新的油压调节器上，将油压调节器装到燃油分配管上□。
④ 用尖嘴钳卡上油压调节器卡簧，将真空软管插到油压调节器上□。

4. 喷油器的拆装与检修
① 拔下喷油器上的导线插接器□。
② 松开燃油分配管上的进油管和回油管□。
③ 将燃油分配管连同喷油器一起拆下□。
④ 用尖嘴钳拔下喷油器卡簧，从拆下的燃油分配管上拔下喷油器□。
⑤ 将喷油器与喷油器清洗检测仪进行正确连接，按选择键超声波清洗开始□。
⑥ 将喷油器固定在喷油器清洗检测仪支架上，旋紧锁紧杆□。
⑦ 按选择键进行均匀性/雾化性检测，检测结果：_____。
⑧ 按选择键进行密封性检测，检测结果：_____。
⑨ 按选择键进行喷油量检测，30s 喷油量应为_____ mL，实测结果为_____ mL。
⑩ 在喷油器的 O 形密封圈上涂抹一薄层机油，将喷油器插到燃油分配管上□。
⑪ 用尖嘴钳卡上喷油器卡簧，依次装入各喷油器□。
⑫ 在进气歧管相应位置上装上 O 形密封圈□。
⑬ 将喷油器连同燃油分配管装到进气歧管上□。
⑭ 以 20N·m 的力矩拧紧燃油分配管与进气歧管的固定螺栓□。
⑮ 分别插上喷油器的导线插接器□。

考核评分表 12　燃油供给系统的拆装与检修

班级：_____　组长：_____　组员：_____

考核时间：30min

项目	配分	评分标准	扣分	得分
工量具使用	15	工量具选择不当、使用错误，每次扣 1~2 分，扣分不超过 8 分		
		造成工量具损坏，扣 3~7 分		
拆装与检修过程	65	燃油泵的拆装方法不当（没有断开点火开关，没有拔下蓄电池的搭铁线），扣 2~3 分		
		检查燃油泵 30s 的泵油量方法不当或结果错误，扣 3~5 分		
		燃油滤清器更换方法不当，扣 2~3 分		
		油压调节器的拆装方法不当，扣 2~3 分		
		喷油器的拆装方法不当，扣 2~3 分		
		喷油器清洗检测仪的连接方法不当，致使喷油器无法进行超声波清洗，扣 3~5 分		
		喷油器均匀性/雾化性检测方法不当或结果错误，扣 3~5 分		
		喷油器密封性检测方法不当或结果错误，扣 3~5 分		
		喷油器喷油量检测方法不当或结果错误，扣 3~5 分		
		在进行拆装与检修时，没能先释放燃油压力（即卸压）或方法不当，扣 3~6 分		
		拆卸油管时，没有用棉纱包住油管接头，扣 5 分		
		没有搞清各管路的连接位置及流向，没有注意观察燃油滤清器上油管接头的流向标记，致使各管路或燃油滤清器装错，扣 5~7 分		
		拆下的零部件没做标记、不按顺序摆放，扣 3~5 分		
		有零部件漏装，扣 5 分		
工单填写	15	填写不完整，每处扣 2 分，扣分不超过 10 分		
		结论不正确，扣 5 分		
整理清场	5	没有整理工具、清理现场，酌情扣 2~5 分		
		小计		
成绩评定				

考核教师签名：

项目 11 点火系统的拆装与检修

一、实训目标
（1）掌握点火系统的结构组成、工作原理及主要零部件的装配关系。
（2）掌握点火线圈、分电器、火花塞等零部件的拆装步骤、技术要求及检修方法。

二、实训设备与工具
（1）桑塔纳 2000GSi（或 2000GLi）实车。
（2）带拆装翻转架且可正常运行的桑塔纳 2000AJR（或 AFE）型发动机。
（3）汽车维修常用拆装工具与大众轿车专用拆装工具。
（4）缸线钳、火花塞量规（塞尺）、火花塞套筒等。
（5）零部件存放台。

三、实训内容与步骤

点火系统的功用是在发动机各种工况下，保证可靠而准确地点火。电子点火系统，按是否配有分电器分为有分电器电子点火系统和无分电器电子点火系统两种。

桑塔纳 2000 AFE 型发动机采用的是带分电器的电子控制点火系统，它是 Motrinic1.5.4 电子控制燃油喷射系统的一个子系统，主要由点火线圈、分电器、火花塞、带抗干扰元件的连接插座、点火导线等组成，其结构如图 11-1 所示。分电器用压板装在发动机缸盖上，分电器转子直接与凸轮轴配合，由凸轮轴驱动，如图 11-2 所示。

桑塔纳 2000 AJR 型发动机采用的是无分电器的电子控制点火系统，它是 Motrinic3.8.2 电子控制燃油喷射系统的一个子系统，主要包括点火控制器、点火线圈和火花塞，如图 11-3 所示。两个点火线圈（N 和 N128，N 为 2、3 缸点火线圈，N128 为 1、4 缸点火线圈）和点火控制器 N122 组成点火线圈组件 N520，固定在进气歧管内侧，点火线圈总成的高压线插孔旁印有 A、B、C、D 标记，分别对应 1、2、3、4 缸的高压分线，如图 11-4 所示。

1. 点火系统的拆卸

（1）AJR 型发动机点火系统的拆卸
① 拆卸空气滤清器、进气管。
② 拔下节气门体的导线插接器，拆下节气门控制组件及密封衬垫。
③ 拔下各缸喷油器上的导线插接器，拆下各缸喷油器。
④ 如图 11-5 所示，用缸线钳依次拔下各缸火花塞上的高压分缸线。
⑤ 拆下进气歧管支架的紧固螺栓。
⑥ 拆下进气歧管和气缸盖之间的连接螺栓和螺母，拆下进气歧管及密封衬垫。
⑦ 拔下点火线圈组件上的导线插头，从进气管上拆下点火线圈组件。
⑧ 用压缩空气除去火花塞周围气缸盖上的灰尘或杂物。
⑨ 如图 11-6 所示，用火花塞套筒逐一卸下各缸的火花塞。

项目 11　点火系统的拆装与检修

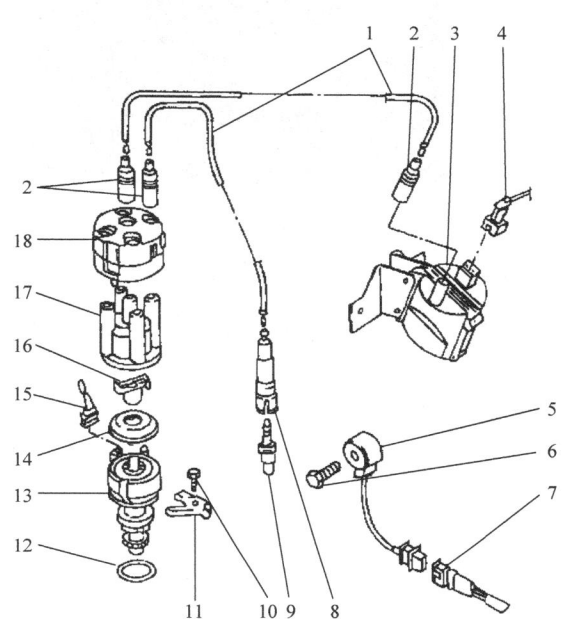

图 11-1　AFE 型发动机电子控制点火系统

1—点火导线　2—带抗干扰元件的插座　3—点火线圈
4—点火线圈插头　5—爆燃传感器（拧紧力矩 6~20N·m）
6—螺栓（拧紧力矩 20N·m）　7—爆燃传感器插头
8—火花塞插头　9—火花塞（拧紧力矩 25N·m）
10—螺栓（拧紧力矩 25N·m）　11—分电器压板
12—O 形圈　13—带霍尔传感器的分电器　14—防尘盖
15—分火头　16、17—分电器盖　18—屏蔽罩

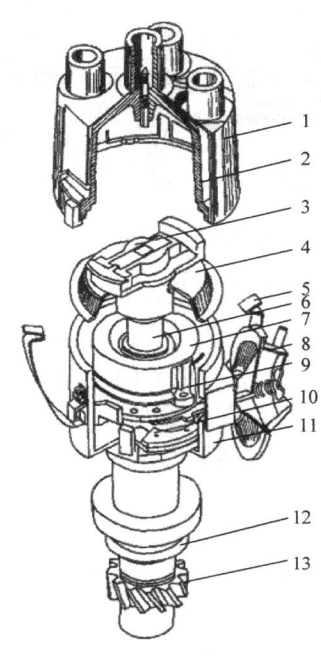

图 11-2　霍尔式无触点分电器

1—抗干扰屏蔽罩　2—分电器盖　3—分火头
4—防尘罩　5—分电器弹簧夹　6—分电器轴
7—带缺口转子　8—真空点火提前装置
9—霍尔传感器及托架总成　10—离心点火提前装置
11—分电器外壳　12—密封圈　13—传动齿轮

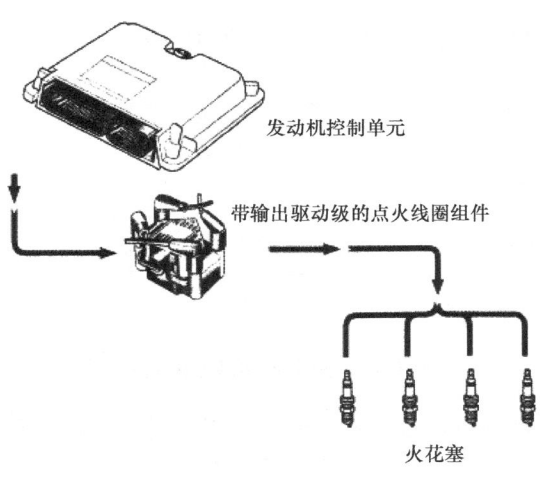

图 11-3　AJR 型发动机电子控制点火系统

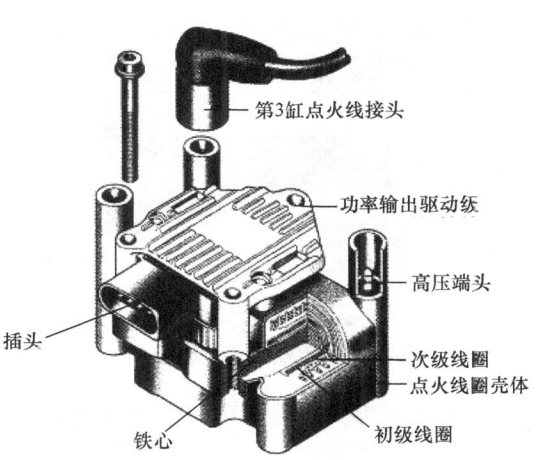

图 11-4　双火花点火线圈组件

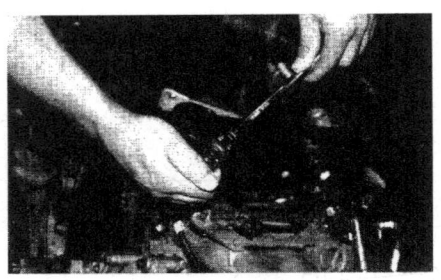

图 11-5　用缸线钳拔下各缸高压分缸线　　图 11-6　用火花塞套筒逐一卸下火花塞

（2）AFE 型发动机点火系统的拆卸　　AFE 型发动机采用的是带分电器的电子控制点火系统，点火线圈安装在蓄电池正极处点火开关的上方，分电器用压板装在发动机缸盖上。拆卸点火线圈和分电器的步骤如下：

① 拔掉点火线圈上的插头，拆下点火线圈与分电器之间的中央高压线。
② 依次拆下火花塞上的高压线。
③ 拧下点火线圈固定螺栓，拆下点火线圈。
④ 拧松分电器压板，拆下分电器。

2. 火花塞的检查与安装

（1）火花塞的检查

① 检查火花塞的状态。逐一检查火花塞，如果电极呈现灰白色，而且没有积炭，则表明该火花塞工作正常，燃烧良好。若电极为炭黑色，说明气缸内燃烧状况差，电极上粘有积炭，发动机有烧机油现象。

② 对燃烧状态不好的火花塞，可先用化油器清洗剂清除火花塞磁体上的积炭和污迹，再用电吹风吹干。对于火花塞中心电极和侧电极上附着的积炭，可用铜丝刷清除，如图 11-7 所示。如果火花塞电极严重烧蚀或存有积炭、污迹，或绝缘体破裂，应予更换。

③ 检查、调整火花塞电极间隙。火花塞电极间隙可用火花塞量规来测量，如图 11-8 所示。如果手边没有量规，可用折断的钢锯片或刀片来代替量规，测量火花塞间隙。AFE 型发动机火花塞间隙为 0.70～0.90mm，AJR 型发动机火花塞间隙为 0.90～1.10mm。

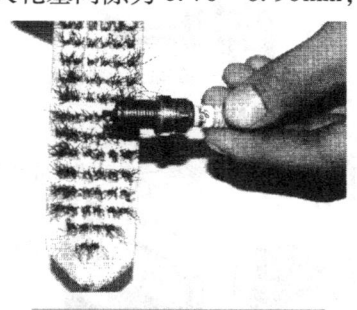
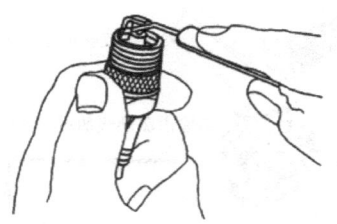

图 11-7　用铜丝刷清除积炭　　　　　图 11-8　测量火花塞电极间隙

火花塞间隙太大时，可用螺钉旋具柄轻轻敲打侧电极来调整，但不要用力过大，否则侧电极可能因过度弯曲而损坏。如果间隙过小时，可用一字槽螺钉旋具插入电极间，扳动一字槽螺钉旋具把间隙调整到要求为止。调整间隙时，只能弯动侧电极不能弯动中心电极，以免损坏绝缘体。

(2) 火花塞的安装 在安装火花塞时，先抓住火花塞的尾部，对准火花塞孔慢慢拧上几圈，再用火花塞套筒拧紧至规定力矩。AFE 型发动机和 AJR 型发动机火花塞拧紧力矩为 25N·m。为使火花塞安装顺利，可以在火花塞螺纹上涂抹一点机油。

3. 分电器的检查与安装

(1) 分电器的检查

① 检查分电器盖、分火头有无脏污或裂纹及被击穿的痕迹。若有，应予以更换。

② 检查分电器盖中心炭极是否破裂，侧电极是否过度磨损或烧蚀。

③ 拆卸分电器盖，检查分电器轴是否转动自如，若因轴间隙过大而发生轴摆动，则需更换。向分电器轴润滑毡滴入几滴润滑油，润滑分电器轴轴承。

④ 检查带缺口的叶片是否变形，若变形则予以更换。

⑤ 检查传动齿轮轮齿是否磨损严重，齿面出现明显的疲劳剥落凹坑或裂损应予以更换。

⑥ 检查真空式点火提前装置的密封性。用嘴含住真空提前装置上的真空管连接插座头并吸吮，提前装置的拉杆应能移动。若漏气，应更换总成。

(2) 分电器的安装（点火正时的调校） 在重新安装分电器或因同步带断裂而造成点火正时错乱时，需要调校点火正时。

① 将飞轮 A 和同步带轮 B 调整到 1 缸的上止点位置，如图 11-9 所示。

② 转动发动机，将 V 带轮调整到 1 缸的上止点位置，如图 11-10 所示。

图 11-9 飞轮 A 与同步带轮 B 的标记

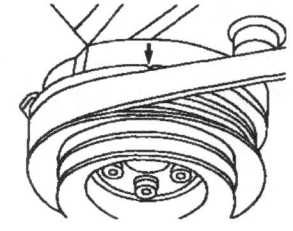

图 11-10 V 带轮上的正时记号

③ 将凸轮轴同步带轮上的标记与气门罩盖上的箭头对齐，如图 11-11 所示。

④ 装上分电器后，分火头的标记应与分电器壳体上标记对齐，如图 11-12 所示。

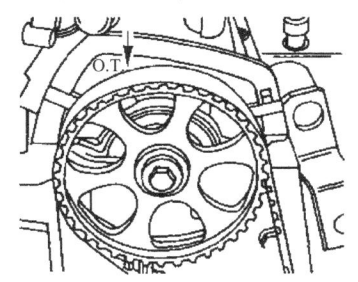

图 11-11 凸轮轴同步带轮上的正时标记

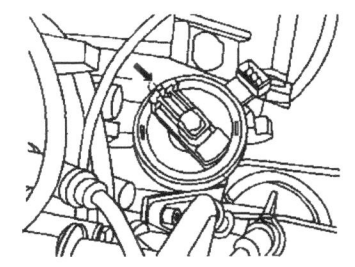

图 11-12 分火头与分电器壳体上标记对齐

装复后，转动分电器轴时应灵活无卡滞；轴向推拉分电器轴时，应无明显的间隙感。

⑤ 拧紧分电器压板，装复分电器盖。

4. 点火线圈与点火导线的检查

检查点火线圈的外表，外壳是否完好，型号是否相符合；有无裂损或绝缘物溢出，各接线柱连接是否牢靠，若发现绝缘盖破裂或外壳损伤，因容易受潮而失去点火能力，应予以更换。

点火导线的作用是将点火线圈产生的高压电送至火花塞，其特点是工作电压高、电流强度小、绝缘层厚、线芯截面积小。中央高压导线的两端分别连接点火线圈和分电器盖的中央插孔，高压分缸导线分别连接分电器盖的旁电极插孔和火花塞。AJR型发动机的点火系统取消了分电器，高压导线的两端连接点火控制模块和火花塞。

点火导线由于长时间处于高温环境中，加之潮湿空气的侵袭，以及检修时受到剧烈弯折，就可能出现绝缘层老化、龟裂、线芯折断以及阻尼电阻损坏等损伤，导致漏电、断电等故障发生，致使发动机的使用性能和高压导线的抗电磁波干扰能力下降。因此，应对高压导线进行检测，必要时予以更换。

检查点火导线是否破损、断裂，连接是否松脱。用万用表检查高压分缸线的电阻，AJR型发动机高压分缸线的电阻值为 $5.8 \sim 6.2 \Omega$。

四、注意事项

（1）穿着合体的工作服。

（2）不得擅自动用与实验无关的其他设备。

（3）在关闭点火开关之前，不能拔下点火线圈插头。

（4）在拆卸火花塞时，要防止垫圈、钉屑等杂物从火花塞孔中落入气缸。

（5）连接高压线时，要注意各缸线的顺序，不要插错。

（6）拆下的零部件做好标记并按顺序摆放，以防零部件漏装。

（7）所有螺栓必须按要求拧紧。

实训工单 13 点火系统的拆装与检修

班级：_____组长：_____组员：_____

发动机型号：_____

操作要点（需在□、空格等处进行正确的填写）

1. 点火系统的拆卸
① 用_____依次拔下各缸火花塞上的高压分缸线□。
② 拔下点火线圈（组件）上的导线插头，拆下点火线圈（组件）□。
③ 除去火花塞周围气缸盖上的灰尘或杂物□。
④ 用_____逐一卸下各缸的火花塞□。
⑤ 拧松分电器压板，拆下分电器（AFE 型发动机）□。

2. 火花塞的检查与安装
① 逐一检查火花塞，电极呈现灰白色□、灰白色□，_____（有、无）积炭，电极_____（是、否）严重烧蚀，绝缘体_____（是、否）破裂□。
② 用化油器清洗剂清除火花塞磁体上的积炭和污迹，再用电吹风吹干□。用铜丝刷清除火花塞中心电极和侧电极上附着的积炭□。
③ 用_____测量火花塞电极间隙□。AFE 型发动机火花塞间隙应为_____mm，AJR 型发动机火花塞间隙应为_____mm，实测值分别为_____mm、_____mm、_____mm、_____mm。
④ 抓住火花塞的尾部，对准火花塞孔拧上几圈，再用_____拧紧至规定的力矩□。AFE 型和 AJR 型发动机火花塞拧紧力矩为_____N·m。

3. 分电器的检查与安装
（1）分电器的检查
① 检查分电器盖、分火头_____（有、无）脏污，_____（有、无）裂纹，_____（有、无）被击穿的痕迹□。
② 检查分电器盖中心炭极_____（是、否）破裂，侧电极_____（是、否）过度磨损或烧蚀□。
③ 拆卸分电器盖，检查分电器轴_____（是、否）转动自如□。向分电器轴润滑毡滴入几滴润滑油，润滑分电器轴轴承□。
④ 检查带缺口的叶片_____（是、否）变形□。
⑤ 检查传动齿轮轮齿_____（是、否）磨损严重，齿面_____（是、否）出现明显的疲劳剥落凹坑或裂损□。
⑥ 检查真空式点火提前装置_____（是、否）漏气□。

（2）分电器的安装（点火正时的调校）
① 将飞轮 A 和同步带轮 B 调整到 1 缸的_____位置□。
② 转动发动机，将 V 形带轮调整到 1 缸的_____位置□。
③ 将凸轮轴同步带轮上的标记与气门罩盖上的_____对齐□。
④ 装上分电器后，分火头的标记应与分电器_____上标记对齐□。装复后，转动分电器轴时_____（是、否）灵活无卡滞□；轴向推拉分电器轴时_____（有、无）明显的间隙感□。
⑤ 拧紧分电器压板，装复分电器盖□。

4. 点火线圈与点火导线的检查
检查点火线圈的外表，外壳_____（是、否）完好，型号_____（是、否）相符合；_____（有、无）裂损或绝缘物溢出，各接线柱连接_____（是、否）牢靠。
检查点火导线_____（是、否）破损、_____（是、否）断裂，连接_____（是、否）松脱。AJR 型发动机高压分缸线的电阻正常值为_____Ω，实测值为_____Ω。

考核评分表 13　点火系统的拆装与检修

班级：_____　姓名：_____　学号：_____

考核时间：20min

项目	配分	评分标准	扣分	得分
工量具使用	15	工量具选择不当、使用错误，每次扣 1~2 分，扣分不超过 8 分		
		造成工量具损坏，扣 3~7 分		
拆装与检修过程	65	高压分缸线的拆装方法不当，扣 3~10 分（对于有分电器的点火系统，此项扣 3~5 分）		
		点火线圈（组件）的拆装方法不当，扣 3~10 分（对于有分电器的点火系统，此项扣 3~5 分）		
		火花塞的拆装方法不当，扣 3~10 分（对于有分电器的点火系统，此项扣 3~5 分）		
		火花塞的检查方法不当或结果错误，扣 5~15 分（对于有分电器的点火系统，此项扣 5~10 分）		
		分电器的拆卸方法不当，扣 3~5 分（无此项不扣分）		
		分电器的检查方法不当或结果错误，扣 3~7 分（无此项不扣分）		
		分电器的安装（点火正时的调校）方法不当或结果错误，扣 3~8 分（无此项不扣分）		
		点火线圈的检查方法不当或结果错误，扣 3~5 分		
		点火导线的检查方法不当或结果错误，扣 3~5 分		
		拆下的零部件没做标记、不按顺序摆放，扣 3~5 分		
		有零部件漏装，扣 5 分		
工单填写	15	填写不完整或错误，每处扣 1~2 分，扣分不超过 15 分		
整理清场	5	没有复原设备、清理现场，扣 2~5 分		
小计				
成绩评定		考核教师签名：		

项目 12　起动系统的拆装与检修

一、实训目标
（1）掌握起动系统的结构组成、工作原理及主要零部件的装配关系。
（2）掌握发电机、起动机的拆装步骤、技术要求及检修方法。

二、实训设备与工具
（1）桑塔纳 2000GSi（或 2000GLi）型轿车实车。
（2）带拆装翻转架且可正常运行的桑塔纳 2000 AJR（或 AFE）型发动机。
（3）汽车维修常用拆装工具与大众轿车专用拆装工具。
（4）万用表、百分表、游标卡尺、检验平板等。
（5）零部件存放台。

三、实训内容与步骤
起动系统的作用是供给发动机曲轴足够的起动转矩，达到必需的起动转速，使发动机进入自行运转状态。当发动机进入自由运转状态后，起动系统便立即停止工作。起动系统由蓄电池、起动机和起动控制电路等组成。在发动机正常运行时，发电机向蓄电池充电。

1. 发电机的拆装与检修

桑塔纳 2000 AFE 型发动机采用带调节器的整体式交流发电机。它主要由转子总成、定子总成、整流部分、风扇、元件板等组成，如图 12-1 所示。

（1）发电机的拆装　用专用扳手固定发电机 V 带轮，旋下紧固螺母，发电机即可拆下，如图 12-2 所示。

安装发电机时，可按与拆卸相反的顺序进行。

（2）发电机的分解
① 拆下前端盖连接螺栓，分解前端盖、带轮、转子、后端盖、整流调压器。
② 拆下定子绕组端头，从后端盖上取出定子。
③ 拆下电刷架，取出电刷总成、二极管、换向器及电容器。
④ 拆下带轮固定螺母，取下带轮、半圆键、风扇、轴套，使转子和前端盖分离。

（3）发电机与调节器的检修
① 检查定子表面不得有刮痕，导线表面不得有碰伤、绝缘漆剥落现象。
② 检查定子绕组是否断路、是否搭铁。如断路或搭铁，则更换定子。
③ 检查转子表面不得有刮痕，否则表明轴承松旷，应更换前后轴承。集电环表面应光洁平整，两集电环之间的槽内不得有油污和异物。
④ 检查转子绕组是否断路及短路。如断路或短路，则更换。
⑤ 检查电刷及电刷架。新电刷的长度为 13mm，允许磨损极限为 5mm，超过此极限值时应予更换。电刷表面如有油污应擦拭干净，电刷在电刷架内应滑动自如。电刷架不得有裂纹、

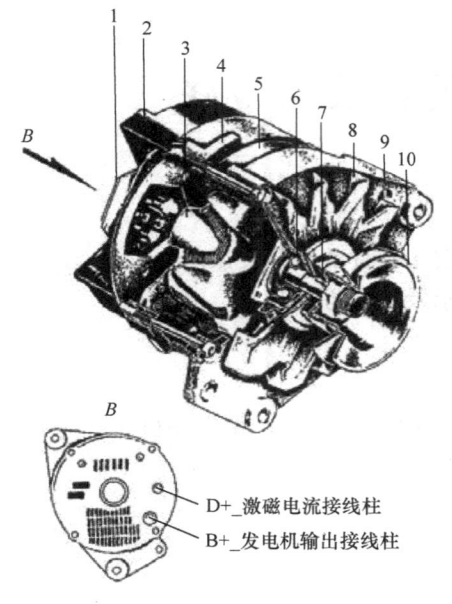
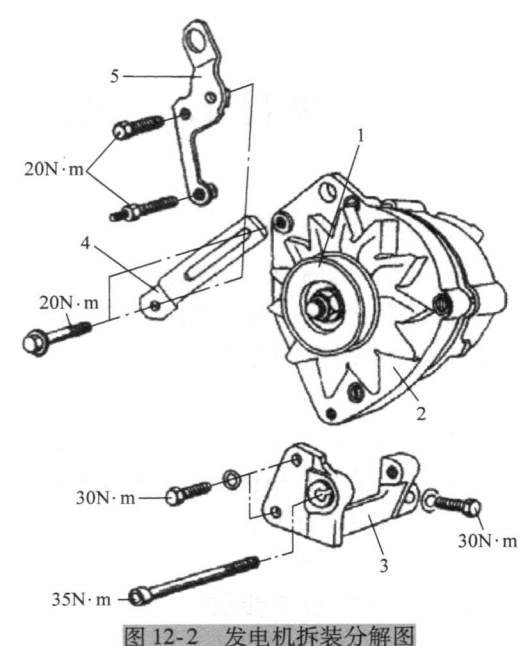

图 12-1 交流发电机

1—调节器 2—后罩盖 3—转子
4—后端盖 5—定子 6—轴承 7—轴
8—风扇 9—前端盖 10—V 带轮

图 12-2 发电机拆装分解图

1—V 带轮 2—发电机 3、4、5—支架

弹簧折断或锈蚀现象，否则应更换。

⑥ 其他部件的检修。发电机壳体不得有裂纹，若轴承内缺油应更换轴承，不宜加油后继续使用。V 带槽内不能有毛刺，以免损伤 V 带。V 带轴孔与轴的配合过盈量为 0.01～0.04mm，若松旷应修复。转子轴承的轴向和径向间隙不得大于 0.20mm，否则应更换。

2. 起动机的拆装与检修

桑塔纳 2000 AFE 型发动机的起动机为串励直流式，其结构如图 12-3 所示。

（1）起动机的拆装

① 拆卸起动机时，应首先拆下蓄电池搭铁线，然后再拆下起动机的各连接线。

② 起动机通过安装支架与发动机相连。安装时先将支架套在起动机上，装上垫片、弹簧垫和螺母，并用力旋紧，然后将支架连同起动机一起装在发动机上。

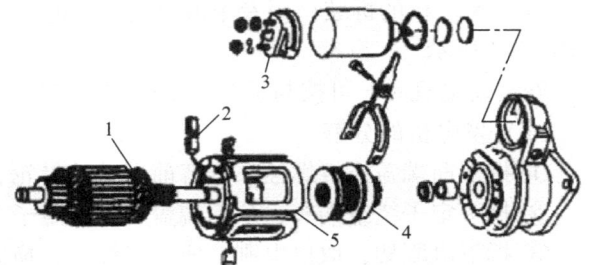

图 12-3 起动机结构

1—电枢绕组 2—电刷 3—电磁开关
4—单向离合器 5—磁场绕组

③ 检查起动机的外壳两个螺栓是否能在支架槽孔中活动，调整起动机到最佳位置，最后以 20N·m 的力矩拧紧紧固螺母。

（2）起动机的检修

① 电枢轴的检修。如图 12-4 所示，用百分表检查起动机电枢轴是否弯曲。若摆差超过 0.1mm，应进行校正。若电枢轴上的花键齿槽严重磨损或损坏，应进行修复或更换。电枢轴轴颈与衬套的配合间隙，不得超过 0.5mm。间隙过大应更换新套，进行铰配。

② 换向器的检查。检查换向器有无脏污和表面烧蚀。若有，则用 400 号砂纸修整。

如图 12-5 所示，将换向器放在 V 形架上，用百分表测量圆周上径向圆跳动量，最大允许值为 0.05mm；若径向圆跳动量大于规定值，应在车床上校正。

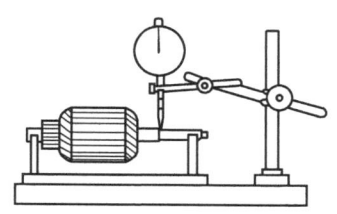

图 12-4　检查电枢轴弯曲度

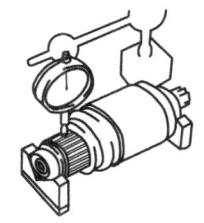

图 12-5　检查换向器径向圆跳动量

如图 12-6 所示，用游标卡尺测量换向器的直径，其标准值为 30.0mm，最小直径为 29.0mm。若直径小于最小值，应更换电枢。

如图 12-7 所示，检查底部凹槽，应清洁无异物、边缘光滑。标准凹槽深度为 0.6mm，最小凹槽深度为 0.2mm，若凹槽深度小于最小值，用手锯条修正。

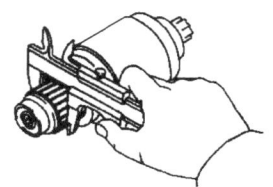

图 12-6　检查换向器直径

图 12-7　检查换向器底部凹槽深度

③ 电枢绕组与磁场绕组的检修。检查电枢绕组与磁场绕组是否断路、是否搭铁。

④ 电刷弹簧的检修。读取电刷弹簧从电刷分离瞬间的拉力计读数，标准弹簧安装载荷为 17～23N，最小安装载荷为 12N。若安装载荷小于规定值，应更换电刷弹簧。

⑤ 离合器和驱动齿轮的检修。检查离合器和驱动齿轮是否严重损伤或磨损。如有损坏，应进行更换。

如图 12-8 所示，检查起动机离合器是否打滑或卡滞。将离合器驱动齿轮夹在台虎钳上，在花键套筒中套入花键轴，将扳手接在花键轴上，测得力矩应大于规定值（24～26N·m），否则说明离合器打滑。反向转动离合器，应不卡滞，否则，修理或更换离合器总成。

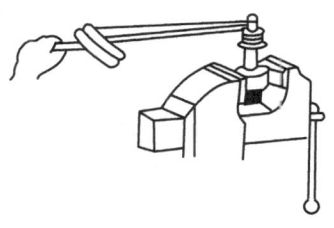

图 12-8　检查起动机离合器

四、注意事项

（1）穿着合体的工作服。

（2）不得擅自动用与实验无关的其他设备。

（3）发动机运转时注意人身安全，手、衣服、工具等应远离传动带等旋转部件。

（4）拆下的零部件做好标记并按顺序摆放，以防零部件漏装。

（5）所有螺栓必须按要求拧紧。

实训工单14　起动系统的拆装与检修

班级：_____组长：_____组员：_____

发动机型号：_____

操作要点（需在□、空格等处进行正确的填写）

1. 发电机的拆装与检修

① 固定发电机 V 带轮，旋下紧固螺母，拆下发电机□。

② 拆下前端盖连接螺栓，分解前端盖、带轮、转子、后端盖、整流调压器□。

③ 拆下定子绕组端头，从后端盖上取出定子□。

④ 拆下电刷架，取出电刷总成、二极管、换向器及电容器□。

⑤ 拆下带轮固定螺母，取下带轮、半圆键、风扇、轴套，使转子和前端盖分离□。

⑥ 检查定子表面_____（有、无）乱痕，导线表面_____（有、无）碰伤、绝缘漆_____（是、否）剥落□。

⑦ 检查定子绕组_____（是、否）断路、_____（是、否）搭铁□。

⑧ 检查转子表面_____（有、无）刮痕，集电环表面_____（是、否）光洁平整，两集电环之间的槽内_____（有、无）油污和异物□。

⑨ 检查转子绕组_____（是、否）断路及短路□。

⑩ 检查电刷表面_____（有、无）油污，电刷在电刷架内_____（是、否）滑动自如□。

检查电刷架_____（有、无）裂纹，弹簧_____（是、否）折断或锈蚀□。

⑪ 检查发电机壳体_____（有、无）裂纹，轴承内_____（是、否）缺油□。

检查 V 带槽内_____（有、无）毛刺□。

⑫ 按与拆卸相反的顺序安装发电机□。

2. 起动机的拆装与检修

① 拆下蓄电池搭铁线□。

② 拆下起动机的各连接线□。

③ 检查电枢轴弯曲度，正常值不得超过_____mm，实测值为_____mm□。

检查电枢轴上的花键齿槽_____（是、否）严重磨损或损坏□。

④ 检查换向器_____（有、无）脏污和表面烧蚀□。

检查换向器圆周上径向圆跳动量，最大允许值为_____mm，实测值为_____mm□。

检查换向器的直径，标准值为_____mm，最小直径为_____mm，实测值为_____mm□。

检查换向器底部凹槽，_____（有、无）异物、边缘_____（是、否）光滑□。

⑤ 检查电枢绕组与磁场绕组_____（是、否）断路、_____（是、否）搭铁□。

⑥ 检查电刷弹簧的最小安装载荷，标准值为_____N，实测值为_____N□。

⑦ 检查离合器和驱动齿轮_____（是、否）严重损伤或磨损□。

检查起动机离合器_____（是、否）打滑或卡滞□。

⑧ 将支架套在起动机上，装上垫片、弹簧垫和螺母，并用力旋紧□。

⑨ 将支架连同起动机一起装在发动机上□。

⑩ 调整起动机到最佳位置，最后以_____N·m 的力矩拧紧紧固螺母□。

考核评分表 14 起动系统的拆装与检修

班级：_____ 组长：_____ 组员：_____

考核时间：20min

项目	配分	评分标准	扣分	得分
工量具使用	15	工量具选择不当、使用错误，每次扣 1~2 分，扣分不超过 8 分		
		造成工量具损坏，扣 3~7 分		
拆装与检修过程	65	发电机的拆装方法不当，扣 3~5 分		
		发电机的分解方法不当，扣 3~5 分		
		发电机定子的检查方法不当或结果错误，扣 3~5 分		
		发电机转子的检查方法不当或结果错误，扣 3~5 分		
		发电机电刷及电刷架的检查方法不当或结果错误，扣 3~5 分		
		起动机的拆装方法不当，扣 3~5 分		
		电枢轴的检查方法不当或结果错误，扣 3~5 分		
		起动机换向器的检查方法不当或结果错误，扣 5~9 分		
		电枢绕组与磁场绕组的检查方法不当或结果错误，扣 2~5 分		
		电刷弹簧的检查方法不当或结果错误，扣 2~3 分		
		离合器和驱动齿轮的检查方法不当或结果错误，扣 2~3 分		
		拆下的零部件没做标记、不按顺序摆放，扣 3~5 分		
		有零部件漏装，扣 5 分		
工单填写	15	填写不完整，每处扣 2 分，扣分不超过 10 分		
		结论不正确，扣 5 分		
整理清场	5	没有整理工具、清理现场，扣 2~5 分		
小计				

成绩评定	
	考核教师签名：

参 考 文 献

[1] 陈家瑞. 汽车构造（上）[M]. 北京：机械工业出版社，2007.
[2] 张大成. 上海桑塔纳2000系列轿车维修手册 [M]. 北京：北京理工大学出版社，2001.
[3] 张立新. 桑塔纳2000系列轿车维修手册 [M]. 沈阳：辽宁科学技术出版社，2001.
[4] 魏建秋. 国产大众系列轿车维修手册 [M]. 北京：金盾出版社，2009.
[5] 黄俊平. 汽车发动机维修实训 [M]. 北京：机械工业出版社，2009.
[6] 余文明. 汽车构造与拆装实验教程 [M]. 北京：中国电力出版社，2007.
[7] 司传胜. 汽车维修工程实习指导 [M]. 北京：机械工业出版社，2005.
[8] 贺展开. 汽车维修工实训教程（上）[M]. 北京：机械工业出版社，2005.
[9] 马东霄. 汽车维修实训教程 [M]. 北京：人民邮电出版社，2002.
[10] 于得江. 汽车发动机构造与检修实训项目作业书 [M]. 上海：同济大学出版社，2010.
[11] 岳杰. 汽车发动机常见维修项目实训教材 [M]. 北京：人民交通出版社，2009.
[12] 魏春源，曲振玲，张卫正. 内燃机典型零件损伤图谱 [M]. 北京：北京理工大学出版社，2001.